Le jack et le parson russell terrier

Direction éditoriale
Hervé Chaumeton, Philippe Coppé

Coordination éditoriale
Sophie Jutier, Muriel Maroussie

Relecture
Catherine Schram

PAO
Nathalie Lachaud

Photogravure
Chantal Mialon, Francis Rossignol, Stéphanie Tridoux

ISBN : 978-2-84416-364-6
N° d'éditeur : 84416
Dépôt légal : mars 2005

Achevé d'imprimer : février 2010
Imprimé en Chine par Toppan Leefung

Le jack et le parson russell terrier

Chantal Leclercq

ARTÉMIS
ÉDITIONS

Our Maskotte of Mayo Land.

Sommaire

INTRODUCTION

Dans la famille du jack, on connaissait le parson depuis une dizaine d'années : un chien fort sympathique de 35 cm, plutôt carré, et qui affirme sa différence : chasseur polyvalent et adorable chien de compagnie. Depuis peu, le modèle court sur pattes a rejoint la cynophilie officielle. Celui-ci, sous un format légèrement rectangulaire, présente le même caractère gentil et hardi et la même passion de la chasse.

La plus grande qualité des russell, qu'ils soient jack ou parson, réside dans ce caractère franc et ouvert, si vif, si réactif, si réceptif, un peu garnement, mais sans méchanceté, qui permet une éducation facile. C'est en effet un terrier beaucoup plus tendre, plus souple et plus doux que bon nombre de ses congénères. Mais il ne faut pas oublier que le russell, haut ou bas sur pattes, est un chien de travail. C'est dire qu'il bénéficie d'une bonne réserve d'influx nerveux. Aussi, vous apparaîtra-t-il increvable. Il l'est d'ailleurs ! C'est un terrier qui a besoin de se dépenser, qui aime les ballades et l'action. Il lui faut un maître actif, aimant l'extérieur. C'est d'ailleurs un chien très prisé des chasseurs, des agilitistes et des cavaliers, qui apprécient ses qualités de cœur et sa rusticité. Son format réduit, adapté aux contraintes modernes, permet de l'emmener partout. Et il est toujours prêt à suivre son maître dans de nouvelles aventures !

Élevage of the Hunters Pride.

Généralités

L'HISTOIRE DES RUSSELL TERRIERS

Il était une fois un révérend, redoutable chasseur, et grand amateur de terriers...

Le parson russell terrier est reconnu depuis environ une dizaine d'années. Quant au jack, il a fait son entrée dans la cynophilie officielle en octobre 2000. Le parson est un chien purement britannique, plutôt carré, qui dorénavant se décline officiellement dans une taille comprise entre 31 et 38 cm.

Le jack obéit, lui, à un standard australien. Il est légèrement rectangulaire, plus coloré, trapu et costaud que son homologue britannique. Pour autant, ce n'est pas un basset, mais un chien aux membres droits, dont la hauteur des pattes, égale à la hauteur de poitrine, serait rétrécie.

Et comme rien n'est jamais simple lorsqu'il s'agit de russell, il existe également un troisième type (non reconnu par les instances officielles à l'heure où j'écris ces lignes) qu'on peut qualifier de « petit parson ». C'est un chien d'un petit modèle de 26 à 31 cm, plutôt carré. Hérité des chenils de chasse britannique, il est fort prisé des déterreurs.

La vie légendaire de John Russell, dit Jack

> Son enfance

Né le 21 décembre 1795 à Dartmoor, dans le sud du Devon, celui qui va devenir Jack Russell, redoutable chasseur, est le fils du maître de l'école du village. Lorsque Jack a 14 ans, son père l'envoie à l'école de Tiverton, bourgade voisine. Là, la discipline est rude, la vie spartiate et les maîtres rigoureux. Ne nous étonnons pas qu'un garçon aussi indépendant ne cherche à y échapper ; il se révèle très tôt un boxeur efficace et un sacré garnement !

> Son premier terrier

C'est à Exeter, durant ses études, que John Russell achète son premier terrier : une chienne qui sera à l'origine de sa future souche de terriers. Cela se fera, dit la légende, dans des circonstances curieuses : à la fin du mois de mai 1819, marchant dans la banlieue nord d'Oxford, il rencontre un livreur de lait accompagné de son petit terrier blanc. Et quel

Le révérend Jack Russell.

Suzan's Pride Undo.

À propos de son nom

Le révérend John Russell, surnommé Jack par ses amis, redoutable chasseur, a laissé son nom à un petit terrier qui, un siècle plus tard, a conquis la planète sous l'influence conjuguée des chasseurs et des cavaliers.

Aujourd'hui, il existe plusieurs races de chiens apparentées reconnues officiellement qui portent un nom lié au révérend Russell. On peut citer, en ce qui concerne les pays adhérents à la Fédération cynologique internationale, le parson russell terrier et le jack russell terrier. On appelle également ces chiens, de manière affectueuse, « jack russell ».

terrier ! Celui dont John Russell a toujours rêvé… Il le lui faut ! Il réussira à convaincre le laitier de le lui vendre et il repartira dans le Devon avec cette petite femelle aux origines totalement inconnues, mais qui se révélera aussi merveilleuse à la chasse que digne pionnière d'une race aujourd'hui mondialement connue.

> La pionnière de la race

Il s'agit de Trump, une chienne que le pasteur décrivait ainsi : « Trump est blanche, avec une tache marron foncé au-dessus de chaque œil, englobant l'oreille, et une autre au niveau de l'attache de la queue. Le poil est fourni et dense, ce qui est idéal pour protéger le chien du froid et de l'humidité. Il ne ressemble en rien au poil long et dur du terrier écossais. Les jambes sont droites comme des baguettes, les pieds parfaits, la structure générale dénote le courage et la résistance, la taille est celle d'un renard adulte. »

> Un type de terriers

Durant toute sa vie, le révérend procédera ainsi, rachetant les terriers de chasse qui lui plaisaient, et les introduisant dans sa meute. D'après l'honorable Gérald Lascelles, qui avait connu le révérend, celui-ci affirmait qu'« il ne possédait pas une souche de terriers, mais simplement un type, car il achetait tous les terriers d'un bon modèle et d'un caractère bien trempé qu'il rencontrait et pouvait se payer. » (Jocelyn Lucas – 1931).

> Sa vie durant

John Russell est ordonné diacre en 1819, et prieur en 1820. Il revient dans son Devon natal et ne le quittera pratiquement plus jusqu'à sa mort en 1883. Il se marie avec Pénélope Bury en 1826, et est nommé pasteur de Swymbridge en 1832. Il le restera durant 50 ans, qu'il consacrera essentiellement à la chasse, à sa meute de terriers et au développement du mouvement cynophile naissant.

> Un cynophile très actif

Le révérend Jack Russell a été l'un des membres fondateurs du Kennel Club. Il a réussi une longue carrière d'éleveur et a fixé une variété de fox à poil dur. Son type est distinct de celui qui allait devenir le fox à poil dur moderne et allait lentement prendre place aux côtés du fox à poil lisse, chouchou des expositions canines de l'époque.

Les origines du terrier du révérend

> Les Old terriers

Il est admis, aujourd'hui, que les Old terriers utilisés dans les meutes de chasse de l'Ouest sont à l'origine des lignages du révérend Jack Russell. Celui-ci recherchait un chien blanc, à poil dur, taillé sur le modèle 14/14 (14 livres pour 14 pouces) soit en termes métriques 6,3 kg pour 36 cm, pratiquement sans taches (sauf marques en tête et à la base de la queue), avec beaucoup de courage et un tempérament

Aquarelle de Cyril Jubert.

de chasseur. Le terrier créé par le révérend est aussi reconnu comme l'un des ancêtres des fox-terriers actuels.

> La chasse au renard

Au XVIIIe siècle, les gentlemen-farmers s'essayèrent à poursuivre le renard. Ce type de chasse, déjà pratiqué à pied pour réduire le nombre de nuisibles, devint un sport national en Angleterre. Or, contrairement au gros gibier, les renards pouvaient se réfugier sous terre. On associa donc aux fox-hounds des petits chiens de terrier, mieux à même de débusquer la proie sans la tuer. Grâce à ces terriers, la chasse à courre connut un nouvel essor. On favorisa les terriers longilignes, assez hauts sur pattes, afin de pouvoir suivre les chiens courants. Et les chasseurs emmenaient vraisemblablement avec eux des chiens plus ou moins grands, afin de faire face aux diverses situations de chasse (comme cela se pratique encore aujourd'hui !).

Dans l'ensemble, ces terriers étaient de couleur blanche pour qu'on ne les confonde pas, dit-on, avec le renard.

Sortant d'une galerie, un chien est néanmoins rarement blanc : il est couleur terre et imprégné de l'odeur du renard. Les accidents de chasse étaient donc fréquents, et bon nombre de valeureux terriers ont fini sous les crocs de la meute.

> L'« *Earth stopping* »

Ces auxiliaires de chasse étaient également utilisés pour une autre tâche, l'« *earth stopping* ». La nuit précédant la chasse, le maître-terrier, aidé de ses chiens, débusquait les animaux et bouchait l'entrée des tanières. Ce qui permettait à la chasse du lendemain de se dérouler dans les meilleures conditions.

Son développement en Angleterre

> Un chien selon son cœur

L'élevage du russell a toujours été fonction des équipages, du milieu de travail, de la personnalité et des techniques de chasse des éleveurs. Personne ne détenant la vérité, chacun s'est efforcé de construire un chien selon son cœur. Ainsi, ce qui est recherché au nord de l'Angleterre (un chien assez puissant pour tuer le renard) peut être proscrit au sud (chasse aux blaireaux du début du siècle, chien devant tenir et non saisir…).

Comment reconnaître un jack d'un parson russell terrier

	Le parson	**Le jack**
Pays d'origine	Grande-Bretagne	Grande-Bretagne
Pays de développement	–	Australie
Classification	Groupe 3 Terriers de grande et moyenne taille (de 31 à 38 cm), aptes au travail.	Groupe 3 Terriers de petite taille (de 25 à 30 cm), aptes au travail.
Titres	Race définitivement reconnue. Attribution de CACIB possible. Titre de champion international possible si pedigree complet.	Race en stage, qui ne peut pas se voir attribuer de CACIB, ni de titre de champion international. Seuls les CACS peuvent être attribués, et ce, à la discrétion des organismes nationaux.
Morphologie	Chien plutôt carré. Chien plus grand, plus « haut sur pattes », construit plus au carré.	Chien plutôt rectangulaire. Chien plus « court sur pattes », légèrement plus long dans ses proportions.
Utilisation	Essentiellement un terrier de travail, que ses aptitudes et sa conformation destinent au déterrage et à la chasse avec les chiens courants.	Bon terrier de travail, capable de chasser sous terre. Excellent compagnon.
Caractère	Hardi et gentil.	Hardi et sans peur, amical mais avec une tranquille assurance.
Taille et poids	Taille idéale : – 33 cm pour les femelles ; – 36 cm pour les mâles ; – ±2 cm.	Taille idéale : de 25 à 30 cm. Poids : devrait être compris entre 5 et 6 kg.
Membres	Le parson russell a une longueur de membres plus grande que celle du corps.	La hauteur de poitrine est égale à la longueur du membre antérieur : membres antérieurs = 50 % du corps (chien équilibré et pas court sur pattes !).
	Membres droits, que le chien soit vu de face ou de profil. Les pattes torses sont un défaut éliminatoire. De même, les pieds ne doivent pas tourner ni vers l'intérieur, ni vers l'extérieur. Les coudes doivent se positionner juste sous le corps et non tournés vers l'extérieur.	
Poitrine	Chien plutôt serré (l'interars ne doit pas être supérieur à 3 doigts) et à la poitrine modérément descendue. Les côtes ne doivent jamais être cintrées. Le parson a la poitrine au-dessus des coudes	Le sternum est légèrement en avant. Les côtes sont parfois un peu plus cintrées, mais sans être rondes. Le jack a la poitrine légèrement en avant des coudes.
Tour de poitrine	Le tour de poitrine permet l'entrée au terrier.	Le tour de poitrine doit mesurer entre 40 et 43 cm.

	Le parson	Le jack
Tête	La tête respecte les mêmes proportions dans les deux races, avec un museau plus court que le crâne (proportion 1/3 pour le museau, 2/3 pour le crâne). Le museau doit être court et carré avec une bonne arcade dentaire. Éviter les têtes en dôme ou en « pomme ». Le museau en sifflet est un défaut. Le stop est bien défini mais peu prononcé.	
Oreilles	La pointe inférieure doit venir au maximum à l'angle de l'œil.	Le standard ne préconise rien quant à leur longueur, mais il insiste sur la mobilité et l'implantation.
Couleur	Chien entièrement blanc ou blanc avec des marques feu, citron ou noir. Le blanc doit couvrir au minimum les 3/4 de la surface corporelle (70 à 80 %).	Le chien entièrement blanc n'est pas recherché. Le blanc doit prédominer et couvrir au minimum la 1/2 du corps (51 %).
	L'idéal quant à la répartition des couleurs serait que la couleur soit limitée à la tête et à la base de la queue.	
Poil	Poil naturellement rêche, serré et dense, qu'il soit lisse ou dur.	Poil lisse, dur ou intermédiaire.

Champion Ratpack Midnite Rocket.

> Une diffusion anarchique

En raison de sa grande diffusion restée longtemps hors de toute reconnaissance officielle, il a subi bien des avatars. En effet, pendant longtemps, pour l'immense majorité des Anglophones, n'importe quel chien blanc de petite taille a été appelé « jack russell terrier ». Il est utilisé pour la chasse dans les fermes et comme chien de compagnie. Il peut avoir le poil lisse ou dur. Depuis la fin de la seconde guerre mondiale, il s'est répandu sur le continent, et s'est fait connaître auprès des chasseurs et des cavaliers qui l'apprécient beaucoup.

Le russell et le fox-terrier : des ancêtres communs !

Le terrier, appelé aujourd'hui parson russell terrier, est un prototype de fox-terrier ancien type (d'avant 1900). Il est même admis que le jack russell, le fox à poil dur et le fox à poil lisse ont les mêmes origines.

> Un type indéfini

Avant que le Kennel Club ne procède au sauvetage du parson jack russell – dans le type d'origine, tel que le révérend et ses héritiers en cynophilie l'avaient voulu – on pouvait dire avec Brian Vesey-Fitzgerald : « tout terrier de chasse de petite taille peut être appelé jack russell » (*The Dog Owner's Encyclopaedia* citée par Raymond Triquet dans son *Dictionnaire de la cynophilie*).

> Poil dur, poil lisse

Dès cette époque, des individus à poil lisse apparaissent régulièrement dans les portées de poil dur. Le révérend et les autres maîtres-chiens ne les recherchaient pas. En effet, ce type de poil laisse présager un apport génétique de staffordshire terrier non souhaitable pour le travail de déterrage. Ils préfèrent un chien au pelage rude, insensible aux broussailles et au froid. Les snobs de l'époque, au contraire, estiment de peu de valeur ces chiens à poil dur !

Seuls les chiens à poil lisse étaient dignes de partager la maison des gentlemen... D'ailleurs, dans les expositions, seuls les spécimens à poil lisse se voyaient récompenser. Ceci est sans doute l'une des raisons pour lesquelles le révérend, quoique rédacteur du standard du fox et cofondateur du Kennel Club, n'a jamais présenté ses chiens dans les expositions canines. Mais il faut souligner qu'à cette époque, les chiens à poil dur étaient présentés très peu toilettés et n'étaient donc pas mis en valeur.

> Le premier standard

En 1990, le Kennel Club reconnaît la race dans son format plutôt carré, et publie un standard officiel mais provisoire (la race est alors en stage), sous le nom de parson jack russell terrier. Dans ce standard, le Kennel Club exclut les chiens inférieurs à 31 cm, et décide que les seuls croisements améliorant la race sont ceux qui ont été faits avec d'autres races de terriers. Dès lors, il avalise ce type de retrempe par l'ouverture d'un livre des origines.

> Le terrier du révérend Jack Russell

Cette race a été reconnue par la Société centrale canine le 2 février 1991 sous le nom de terrier du révérend Jack Russel (sic). La FCI a durant dix ans adopté une position de compromis en admettant les chiens d'une taille inférieure à 30 cm, avec la volonté d'homogénéiser le cheptel. Depuis peu, et à la demande du Kennel Club, elle a exclu les petits modèles. Le parson peut donc avoir le poil lisse ou dur, est assez haut sur pattes, et mesure actuellement entre 31 cm pour les plus petites femelles et 38 cm pour les plus grands mâles.

> Le parson russell terrier

Depuis, le Kennel Club a transformé le parson jack Russell Terrier en parson russell terrier, et la FCI a automatiquement avalisé, au cours de l'année 2000, ce changement d'appellation, permettant ainsi la reconnaissance par la FCI du jack russell terrier dans son standard australien. Celui-ci est plutôt trapu et mesure de 25 à 30 cm. Il est d'un format plus rectangulaire et peut également avoir le poil lisse ou dur.

> Sa diffusion

L'implantation du jack russell sur le continent a suivi le monde des cavaliers professionnels, et ce longtemps avant la reconnaissance officielle de la race. Dès les années 1967-1968, on pouvait en voir accompagnant les équipes de polo, sport résolument international. Ils vivaient avec les joueurs argentins et étaient considérés comme de petits ratiers. Ils mettaient beaucoup de cœur à rechercher les balles ! Puis certains cavaliers britanniques sont venus s'installer en Belgique, aux Pays-Bas et en Allemagne, accompagnés de leurs jack russell. Ces petits terriers si vifs, tellement hardis et gentils avec les chevaux, jamais avares d'une course folle, séduisirent le monde du cheval et essaimèrent en Europe continentale, mais également au Canada, aux États-Unis, en Afrique du Sud, au Kenya, en Australie, en Nouvelle-Zélande...

Les clubs de race en Angleterre

> Le premier club de la race

Le tout premier « parson jack russell terrier Club » est fondé, dans le Devon, en 1884, par Arthur Heinemann, journaliste, chasseur et grand éleveur de terriers. Les objectifs du club sont d'encourager le déterrage du blaireau et l'élevage des terriers de travail. Le club de l'époque se réfère sans cesse à l'œuvre du révérend. Arthur Heinemann décède en 1930, mais le club perdure jusqu'à sa dissolution avant la seconde guerre mondiale.

Dans un but utilitaire, des croisements ont été opérés avec toutes sortes de terriers (ici des sealyham terriers des années 1920).

> Les différents clubs

En Angleterre, à la différence de la France, une même race peut être représentée par différents clubs. Ainsi, au début des années 1980, coexistent, entre autres, le Jack Russell Club du Sud-Est, le Jack Russell Terrier Club de L'East Anglia et le Jack Russell Terrier Club de Grande-Bretagne.

Les prémices de la reconnaissance officielle en Angleterre

> Un nouveau « gabarit »

Des compétitions amicales sont organisées au sein de ces différentes associations. Les choses se corsent en 1983, avec la demande de reconnaissance d'un jack russell dont la hauteur à l'épaule serait au maximum de 33 cm. Cette demande est déposée auprès du Kennel Club par le Jack Russell Terrier Club du Sud-Est. C'était, pour le petit monde anglais du jack russell, une information plus que préoccupante : en effet, la reconnaissance officielle du « petit » jack russell annulait délibérément les efforts axés sur la sélection d'un modèle de chiens se rapprochant le plus possible de celui recherché par le révérend Jack Russell avec sa chienne Trump et ses 35 cm au garrot, et tous les terriers de travail du vieux modèle.

> Quelques souches

Jusque-là, les clubs avaient simplement estimé utile de garder quelques souches de jack russell d'un petit modèle, qui se révélait utile dans certains types de chasse. Il s'agissait essentiellement de terriers de travail issus de chenils où l'on avait pratiqué des croisements avec des sealyham de la variété dite Lucas terriers. Ces petits chiens à poil dur, à la mâchoire puissante et au dos court étaient fort appréciés dans les régions du sud de l'Angleterre.

> L'engouement du milieu équestre

Mais jamais il n'avait été question d'officialiser de manière unique un modèle miniature. Il est vrai que cet autre type de « petit jack » plaisait énormément à un certain public non averti. Il différait de la souche d'origine tant par la taille que par le modèle : il présentait un format bréviligne, à la poitrine profonde et au poil souvent lisse. Il était principalement issu des tentatives de retrempe avec des corgis et des teckels, races n'appartenant pas au groupe des terriers.

Dans leur majorité, les chasseurs britanniques s'en étaient détournés et les avaient cédés à des amis, souvent cavaliers. Un véritable engouement s'était alors développé dans les milieux équestres. Ceux-ci ont largement contribué à sa diffusion dans le monde anglo-saxon, puis sur tous les continents. Il n'avait néanmoins jamais été question que ce type de chien puisse prétendre à l'appellation de « vrai jack russell ».

> Les amateurs du type originel

Pour faire opposition à ce que les « aficionados » considèrent alors comme une trahison, Ruth Wilford (affixe *Clystlands*) et Pauline Hancock (affixe *Ragford*) réactivent l'ancien Parson Jack Russell Terrier Club. Ce club est composé d'une soixantaine de membres qui vont se battre pour préserver le type originel, et pour qu'il soit officiellement reconnu. En 1984, une réunion rassemble la plupart des clubs britanniques. Un standard est élaboré, mais il n'est pas appliqué ! En 1986, le Kennel Club instruit la demande de reconnaissance du jack russell. Fidèle à sa tradition, il auditionne les différents clubs veillant aux destinées de la race, ainsi que les clubs s'occupant des fox-terriers. Devant le manque de cohésion des différentes associations de race, la demande de reconnaissance est rejetée.

Pendant les trois années qui vont suivre, les défenseurs du type d'origine vont plaider leur cause auprès du grand public. Et lui faire redécouvrir que le jack russell est une véritable race britannique, et non n'importe quel petit ratier blanc.

> La reconnaissance

En 1989, le Kennel Club est informé que l'Association américaine des éleveurs de jack russell terriers envisage, à défaut de reconnaissance officielle britannique, d'établir un premier standard. Sous cette pression, le 10 janvier 1990, le comité général du Kennel Club reconnaît officiellement la race du parson jack russell terrier comme une variété de fox-terrier. Le 29 juillet 1990, le standard de race du parson jack russell terrier est adopté officiellement. Dix ans plus tard, le Kennel Club transforme ce nom en parson russell terrier.

Howlbeck Pebbles, une des chiennes à la base de l'élevage de Georges Simpson.

> Les dissidents

Mais, le jour où le Kennel Club adopte un standard qui exclut les chiens d'une taille inférieure à 33 cm pour les mâles et à 30,5 cm pour les femelles, Eddie Chapman, éleveur du sud de l'Angleterre, et David Jones, éleveur du Pays de Galles, entrent en dissidence. Depuis lors, leurs associations de race interviennent régulièrement auprès du Kennel Club afin de voir leur point de vue officialisé, la reconnaissance de leurs livres d'élevage et l'homologation d'un petit parson toisant entre 26 et 30 cm.

> Question d'appellation

Désormais, le parson est une race à part entière au sein du Kennel Club. Aujourd'hui, l'Angleterre s'interroge sur l'opportunité de présenter une demande à la FCI aux fins de reconquérir sur le plan international l'appellation de « jack russell ».

La situation dans le monde

> Les premiers éleveurs

Très rapidement après la reconnaissance du Kennel Club, la Fédération cynologique internationale (FCI) fait de même, tout en admettant à l'élevage les petits parson (26-30 cm). Malheureusement, depuis la prise en compte officielle de la race, des éleveurs tels que Eddie Chapman *(Foxwarren)*, David Jones *(David Davies)*, Ann Brewer *(Tarsia)*, Pauline et Ian Lee *(Bower)*, Bridget Sayner *(Sayner's)* se sont retirés des manifestations du Kennel Club. Leur influence en Europe, en Australie et en Amérique du Nord est toutefois considérable, et de nombreux champions sont directement issus de leurs lignées.

> En Allemagne

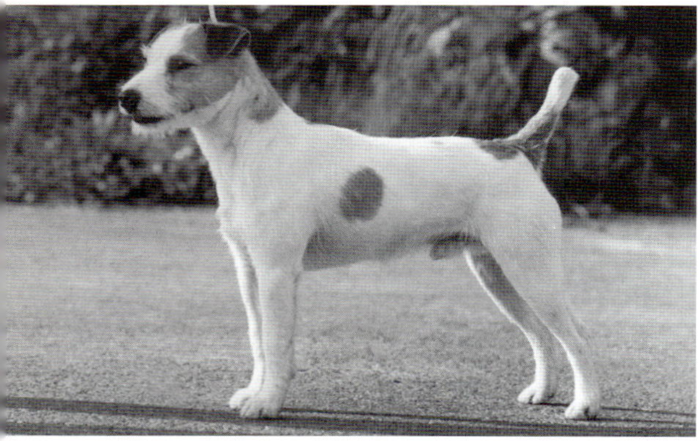

Champion Red the Nock Rusty never the last.

Beaucoup des premiers chiens amenés de Grande-Bretagne le furent par le cavalier international David Broome. Depuis, les éleveurs allemands ont importé d'excellents sujets des élevages de David Jones, Ann Brewer, Bridget Sayner, Eddie Chapman, Sheila Atter (affixe *Ridley*), puis Georges Simpson *(Howlbeck)* et Tina et Mark Allen *(Alne)*... La qualité des parson russell allemands est tout à fait remarquable. Il faut citer l'élevage *Rednock* de Christiane Lindenberg-Beste, qui a produit de nombreux champions. En Allemagne, ne peuvent être champions que des chiens ayant réussi les épreuves de travail. Les Allemands ont remporté de nombreux titres prestigieux.

> En Belgique

Sonia Morgen (affixe *Cadno*), Anglaise installée en Belgique, véritable précurseur, a beaucoup fait pour l'implantation du russell dans ce pays. Suzanne Pattyn (affixe *Suzan's Pride*) a notablement contribué à la diffusion du parson. Ces derniers ont été, pendant un temps, regroupés au sein du Club Royal Belge de terriers. Les éleveurs belges ont su importer puis produire de véritables champions ; Howlbeck Pacific Diver, vainqueur de la Cruft's 1995, vit aujourd'hui dans ce pays. Dorénavant, un élevage de jack courts sur pattes se développe de manière officielle, et les propriétaires se sont regroupés au sein du club du jack russell, créé en décembre 2001.

> En Finlande

Dans ce pays, les épreuves de terrier artificiel et de recherche au sang permettent d'obtenir des qualifications de travail. L'architecture du

Emblazy's Ambitious Blaze. Notez la queue non coupée de ce chien scandinave.

Christiane Lindenberg-Beste, affixe *Rednock*.

terrier ressemble à la nôtre, avec un rétrécissement du tunnel mesurant 13 x 18 cm. De nombreux propriétaires de russell pratiquent l'agility, mais aussi l'obédience et la recherche de personnes disparues. Dans les expositions de beauté, il est d'usage d'inviter des juges et des éleveurs britanniques réputés.

> Aux États-Unis

Comme partout ailleurs, les modèles des premiers jack russell importés aux États-Unis ont été très hétérogènes : très peu avaient une généalogie établie et étaient d'un modèle correct, quelques-uns montraient une forte ascendance fox ou sealyham, et la très grande majorité, aux ancêtres parfaitement inconnus, n'avait aucun type. Cependant, dès la création de clubs de race, de nombreux chiens d'un modèle plus homogène ont été importés et des juges anglais régulièrement invités. Malgré les divergences qui peuvent exister entre les deux principales associations de race, les éleveurs américains ont su homogénéiser leur type et leurs lignées.

> En Australie

Le jack russell est très populaire dans ce pays, et une association de race, le « jack russell terrier club d'Australie » (JRTCA), fondé en 1972, atteint rapidement un nombre important

Champion australien Rojen Jr Maximus.

Champion Malung Orinoco, un représentant d'une des lignées à la base de l'élevage australien.

Mayo Land.

L'avenir du petit modèle de parson

Le compromis

Le standard adopté par la Fédération cynologique internationale au début des années 1990 était identique à la version britannique, sous réserve d'une exception importante. Face à la pression des propriétaires de « petits modèles », notamment allemands, suisses et autrichiens, qui souhaitaient faire inscrire leurs chiens, la FCI avait adopté une position de compromis en incluant la clause suivante dans le paragraphe concernant la taille : « Pendant une période de transition encore indéterminée, la taille des mâles et des femelles ne devra pas être inférieure à 26 cm. Ces chiens, qui ne correspondent pas aux tailles idéales, sont jugés en exposition sans être pénalisés pour cette raison, et sont admis sans restriction à l'élevage. »

L'exclusion

Aujourd'hui, la race « parson » est sortie de stage au sein de la FCI, et le standard numéro 339 a été modifié, excluant à la demande expresse du Kennel Club les chiens inférieurs à 31 cm... Cela laisse actuellement en suspens le devenir du *working* jack russell qui est, quoi que son nom puisse laisser croire, un petit parson (d'une taille généralement comprise entre 26/27 cm et 30/31 cm) fort prisé des chasseurs sous terre !

Lili of Mayo Land.

d'adhérents, avec des ramifications dans tous les états. Cette association de race est la première au monde fondée après la disparition du club d'Arthur Heinemann. À partir de 1981, des négociations s'engagèrent pour une reconnaissance officielle de la race entre le JRTCA et le Kennel Club australien. Mais, avant que les négociations n'aboutissent, l'Angleterre adopte son standard officiel. L'Angleterre étant le pays d'origine de la race, ce standard fut accepté par l'Australie. Mais cela posa problème aux éleveurs de ce pays : en effet, le standard officiel anglais excluait explicitement les chiens inférieurs à 30 cm, tandis que le JRTCA avait depuis plusieurs années encouragé ses membres à produire des chiens de 25,5 à 30 cm ! Un accord fut adopté, maintenant deux variétés en Australie et en Nouvelle-Zélande. Aujourd'hui, la Fédération cynologique internationale a reconnu les propositions de ces pays, et a officialisé un modèle australien « bas sur pattes » à travers le standard 345.

La situation en France

> Les précurseurs

Il semble que dans les années 1968-1969, on ait pu observer des russell courir après les balles perdues sur les terrains de polo de Bagatelle. Plus sérieusement, il faut attendre le début des années 1980 pour voir quelques chasseurs utiliser régulièrement de petites meutes de russell lors de chasses au grand gibier. On peut citer les précurseurs : M. Noblet, M. Dumon, Mme de Bellescize…

> La présentation officielle

Le 5 mai 1991 se déroule le premier recensement national et en octobre, dans le cadre de l'exposition internationale de Nantes, a lieu la présentation officielle de la race. Les premières inscriptions au Livre des origines français sont datées du 27 janvier 1992.

> La défense d'une variété d'utilité

Le club de race va œuvrer auprès de la SCC pour la défense d'une variété d'utilité, et a réussi à préserver, dans ce cadre, l'organisation d'épreuves sélectives sur renards vivants.

> La question de la taille

Pourtant, la sélection en France est rendue difficile, le club de race ne se basant pas sur le type pour différencier les deux races, mais uniquement sur la taille.

Or, au regard des standards actuels, il existe un chien plutôt carré, le parson (dont la taille peut osciller entre 26 et 38 cm et dont seuls les individus du plus grand format sont aujourd'hui reconnus) et un autre chien, le jack russell, plus rectangulaire, reconnu officiellement – par la FCI à laquelle la SCC est adhérente – comme une autre race, bénéficiant d'un autre standard dépendant d'un autre pays, l'Australie !

LES STANDARDS DU JACK ET DU PARSON RUSSELL TERRIER

Le standard est la description type d'un chien idéal. C'est une tentative de définition des qualités intrinsèques du russell terrier. Tous les éleveurs savent que le chien parfait n'existe pas, même si beaucoup espèrent le faire naître ! L'objectif des éleveurs et des juges doit être de faire émerger « le beau et le bon », afin d'atteindre un idéal qui ne peut être qu'harmonieux.

Les premiers standards

> Le premier standard connu

Différents standards ont préexisté au standard officiellement reconnu par le Kennel Club en 1990. Le premier standard connu a été écrit, en 1904, pour le Parson Jack Russell Terrier Club, par Arthur Heinemann, chasseur, journaliste et éleveur de terriers.

> À l'origine du texte actuel

Eddy Chapman a également publié en 1985 un texte, non officiel, qui décrivait selon lui le chien idéal. Le standard de l'actuel British Jack Russell Terrier Club, association qu'il a créée, reprend très exactement cette description de 1985, à quelques détails près. Celle-ci avait également été appliquée par les membres du Jack Russell Terrier Club of Great Britain, association créée en 1975 par David Jones.

Les textes officiels

Il faut bien comprendre qu'aujourd'hui coexistent de manière officielle deux races différentes obéissant à deux standards différents qui dépendent de deux pays différents : la Grande-Bretagne en ce qui concerne le parson et l'Australie pour le jack.

> Le standard britannique

Le standard FCI n° 339 (22 juin 2001) concernant le parson russell terrier dénommé en France terrier du révérend Russel.

Traduction de M. Raymond Triquet et du Docteur Paschoud.

- Bref aperçu historique

Le promoteur de cette race, John (Jack) Russell est né en 1795 à Darmouth dans le Devon. Devenu pasteur, il desservit pendant la majeure partie de sa vie la paroisse de Swymbridge, Devon. Cavalier émérite et grand chasseur, il s'est passionnément adonné à l'élevage et à la sélection de terriers. En 1873, il fut un des membres fondateurs du Kennel Club. Il mourut en 1883 à l'âge avancé de 87 ans. C'est pendant ses études qu'il s'acheta son premier terrier, une chienne blanche à poil dur avec des marques en tête, dont l'aspect correspond déjà d'une manière appréciable au standard actuel. Jack Russell procéda à de nombreux croisements avec diverses autres races de terriers d'utilité, à la robe unicolore ou panachée. Le but recherché était toujours d'améliorer l'aptitude à la chasse ; la création d'une race dotée

Un beau suédois : Emblazy's always be on target.

Le standard FCI n° 339 (22 juin 2001) concernant le parson russell terrier

Pays d'origine	Grande-Bretagne.	
Utilisation	Terrier d'utilité tenace et rustique, spécialement qualifié pour le travail sous terre.	
Classification FCI	Groupe III Section I	Terriers. Terriers de grande et de moyenne taille. Avec épreuve de travail.

d'un extérieur homogène restait un aspect accessoire. Conformément à cette tradition, des croisements avec d'autres races de terriers ont été effectués ultérieurement. Il a aussi tenté de croiser le jack russell avec d'autres races canines, mais les descendants ne correspondant pas au type ancestral, ces essais décevants ont été abandonnés. Depuis la fin de la seconde guerre mondiale, cette race jouit d'une popularité grandissante sur le continent européen, tout spécialement auprès des chasseurs et des cavaliers. Le Kennel Club anglais l'a reconnue le 22 janvier 1990, et a publié un standard intérimaire sous le nom de « parson jack russell terrier ». La FCI, à son tour, a accepté cette race à titre provisoire le 2 juillet 1990. Le nom actuel du parson russell terrier a été donné par le Kennel Club britannique en 1999. La race a été reconnue à titre définitif par la FCI le 4 juin 2001.

• Aspect général

Apte au travail, actif, agile, construit pour la vitesse et l'endurance. Donne une impression générale d'harmonie et de souplesse. Les cicatrices glorieuses sont acceptées.

Le standard britannique.
Championne Rednock Myown Milky Way.

Belle tête de Sunset of Mayo Land.

• Proportions

Bien proportionné. La longueur du corps est légèrement plus grande que la hauteur au garrot. La distance de la truffe au stop est légèrement plus courte que celle du stop à l'occiput.

• Comportement et caractère

Essentiellement un terrier de travail, que ses aptitudes et sa conformation destinent au déterrage et à la chasse avec les chiens courants. Hardi et gentil.

• Tête

Région crânienne

Crâne : crâne plat, d'une largeur moyenne, allant en se rétrécissant graduellement vers les yeux.

Stop : peu marqué.

Région faciale

Truffe : noire.

Mâchoires/dents : mâchoires puissantes et bien musclées. Articulé parfait, régulier et complet en ciseaux, c'est-à-dire que les incisives supérieures recouvrent les inférieures dans un contact étroit, et sont implantées bien d'équerre par rapport aux mâchoires.

Yeux : en amandes, assez enfoncés dans les orbites, de couleur sombre ; expression pleine de vivacité.

Oreilles : petites, en forme de « V », tombant vers l'avant, portées contre la tête. Le pli ne doit pas dépasser le sommet du crâne. Pavillon d'épaisseur moyenne.

• Cou

Pur dans ses lignes, musclé, de bonne longueur, il va en s'élargissant progressivement vers les épaules.

• Corps

Bien proportionné. La longueur du corps dépasse légèrement la hauteur du sol au garrot.

Dos : solide et droit

Rein : légèrement arqué.

Poitrine : modérément descendue sans dépasser le niveau du coude ; prise derrière les épaules, deux mains de grandeur moyenne doivent pouvoir en faire le tour. Les côtes ne sont pas trop cintrées.

Championne Rednock Myown Molly.

• Queue

Forte, droite, attachée modérément haut ; chez le chien en action, elle est portée bien relevée. Il est d'usage de la couper à une longueur en rapport avec celle du corps, tout en étant suffisante pour offrir une bonne prise à la main qui la saisit.

• Membres

Membres antérieurs

Les antérieurs sont forts et doivent être d'aplomb, les articulations n'étant tournées ni en dedans, ni en dehors.

Épaules : longues et obliques, bien inclinées vers l'arrière, bien dégagées au garrot.

Coudes : bien au corps, ils jouent librement sans être gênés par les côtes.

Membres postérieurs

Forts, musclés, avec de bonnes angulations.

Grassets : bien angulés.

Jarrets : placés bas.

Métatarses : parallèles, donnent beaucoup d'impulsion.

• Pieds

Doigts serrés, coussinets résistants. Les pieds ne sont tournés ni en dedans ni en dehors.

• Allures

Dégagées, vives et bien coordonnées ; les membres se portent droit devant, à l'avant comme à l'arrière.

• Peau

Elle doit être épaisse et lâche.

• Robe

Poil

Naturellement rêche, serré et dense, qu'il soit lisse ou dur. Le ventre et le dessous du chien sont munis de poils.

Couleur

Entièrement blanc ou blanc prédominant avec des marques feu, citron ou noires, ou toute combinaison de ces couleurs, de préférence limitées à la tête et/ou à la naissance de la queue.

• Taille

Mâles : hauteur idéale au garrot : 36 cm.

Femelles : hauteur idéale au garrot : 33 cm.

On accepte 2 cm en plus ou en moins.

• Défauts

Tout écart par rapport à ce qui précède doit être considéré comme un défaut qui sera pénalisé en fonction de sa gravité.

Nota bene : les mâles doivent avoir deux testicules d'apparence normale complètement descendus dans le scrotum.

> Le standard australien

Le standard FCI n° 345 (8 juin 2001) concernant le jack russell terrier dénommé en France terrier jack russel.

Traduction de Monsieur Raymond Triquet

• Bref aperçu historique

Le jack russell terrier tire son origine de l'Angleterre des années 1800 grâce aux efforts du révérend John Russell (« Jack » étant le diminutif de John). Celui-ci développa une souche de fox-terriers pour répondre à ce dont il avait besoin, un chien qui puisse courir avec les foxhounds et aller sous terre pour déloger le renard de son terrier ou d'autres animaux de chasse de leur tanière. Deux variétés ont évolué avec des standards fondamentalement similaires, à part des différences surtout de taille et de proportions. Le plus grand, construit plus au carré, est connu actuellement sous le nom de parson russell terrier (terrier du révérend Russell) et le plus court sur pattes, légèrement

Le standard FCI n° 345 (8 juin 2001) concernant le jack russell terrier

Origine	Grande-Bretagne.	
Pays de développement	Australie.	
Utilisation	Bon terrier de travail, capable de chasser sous terre. Excellent compagnon.	
Classification FCI	Groupe III Section 2	Terriers. Terriers de petite taille. Avec épreuve de travail.

plus long dans ses proportions, porte le nom de jack russell terrier.

• Aspect général

terrier de travail robuste, actif, agile, ayant beaucoup de personnalité, au corps souple de longueur moyenne. La vivacité de son action va de pair avec l'ardeur de son expression. La caudectomie est facultative. Le poil peut être lisse, rude ou « fil de fer ».

• Proportions importantes

– Corps dans son ensemble plus long que haut.
– La hauteur de la poitrine au sternum doit égaler la longueur du membre antérieur du coude au sol.
– Le tour de poitrine, pris derrière les coudes, doit mesurer entre 40 et 43 cm environ.

• Comportement et caractère

Terrier vif, éveillé et actif à l'expression ardente

Le standard australien. Championne du monde junior : Super of Mayo Land.

Our Maskotte of Mayo Land.

et intelligente. Hardi et sans peur, amical mais avec une tranquille assurance.

• Tête

Région crânienne

Crâne : il doit être plat, d'une largeur modérée ; il diminue graduellement de largeur vers les yeux et jusqu'au large museau.

Stop : bien défini mais pas trop prononcé.

Région faciale

Truffe : noire.

Museau : la longueur du stop à la truffe doit être légèrement inférieure à celle du crâne, du stop à l'occiput.

Lèvres : bien jointives et pigmentées de noir.

Mâchoires/dents : mâchoires très fortes, hautes, larges et puissantes. Dents fortes. Articulé en ciseaux.

Yeux : petits, de couleur foncée, à l'expression pleine de vivacité. Les yeux ne doivent absolument pas être saillants, et les paupières doivent bien épouser le globe oculaire. Le bord des paupières doit être pigmenté de noir. Les yeux sont en amande.
Oreilles : en bouton ou retombantes, de bonne texture, bien mobiles.
Joues : les muscles jugaux doivent être bien développés.

• Cou

Fort et pur dans ses lignes, permettant de porter la tête avec aisance.

• Corps

Inscriptible dans un rectangle.
Dos : droit. La distance du garrot à la racine de la queue est légèrement supérieure à la hauteur au garrot (du garrot au sol).
Rein : le rein doit être court, solide et fortement musclé.
Poitrine : haute plutôt que large, bien dégagée du sol de sorte que le sternum est situé à mi-distance entre le garrot et le sol. Les côtes doivent être bien cintrées à partir de la colonne vertébrale ; elles s'aplatissent sur les côtés de sorte que deux mains peuvent en faire le tour derrière les coudes. Le périmètre est d'environ 40 à 43 cm. La pointe du sternum est nettement en avant de la pointe de l'épaule.

• Queue

Peut tomber quand le chien est au repos. En action, elle doit être dressée. Dans le cas où on l'écourte, l'extrémité doit être au niveau des oreilles.

• Membres

Membres antérieurs
Épaules : bien inclinées vers l'arrière, et pas lourdement chargées de muscles.
Bras : suffisamment longs et angulés (avec les omoplates) pour que les coudes soient placés sous le corps.
Antérieurs du coude aux doigts : ossature droite, que le chien soit vu de face ou de profil.

Membres postérieurs
Forts et musclés, équilibre des formes par rapport à l'épaule.
Grassets : bien angulés.
Jarrets : placés bas.
Métatarses : parallèles vus de derrière, le chien étant en station libre.

• Pieds

Ronds, durs, pourvus de bons coussinets, pas grands, ne tournant ni en dedans, ni en dehors ; doigts modérément cambrés.

• Allures

Franches, dégagées, élastiques.

• Robe

Poil
Peut être lisse, rude ou « fil de fer ». Il doit être résistant aux intempéries. On ne doit pas modifier le poil (l'épiler) pour lui donner l'aspect du poil lisse ou du poil « fil de fer ».

Couleur
Il faut que le blanc prédomine, avec des marques noires ou feu. Les marques feu peuvent aller du fauve le plus clair au fauve le plus intense (couleur de la châtaigne).

• Taille et poids

Taille idéale : de 25 cm (10 pouces) à 30 cm (12 pouces).
Poids : correspond à 1 kg pour 5 cm de hauteur au garrot, c'est-à-dire qu'un chien de 25 cm au garrot devrait peser environ 5 kg, et un chien de 30 cm devrait peser 6 kg.

Championne Parsonne of Mayo Land à 6 mois.

• Défauts

Tout écart par rapport à ce qui précède doit être considéré comme un défaut qui sera pénalisé en fonction de sa gravité. Toutefois, les défauts suivants doivent être particulièrement pénalisés :

– manque de type terrier ;

– manque d'harmonie, c'est-à-dire hyper-exagération d'un point quelconque du standard ;

– allures molles ou défectueuses ;

– denture défectueuse.

Nota bene : Les mâles doivent avoir deux testicules d'aspect normal complètement descendus dans le scrotum.

Quelques commentaires

> La position officielle

Ces deux standards confirment que de nombreux croisements furent pratiqués par les éleveurs britanniques, et nous donnent la position officielle sur cette question : « Jack Russell procéda à de nombreux croisements avec diverses autres races de terriers d'utilité, à la robe unicolore ou panachée. Le but recherché était toujours d'améliorer l'aptitude à la chasse ; la création d'une race dotée d'un extérieur homogène restait un aspect accessoire. » (standard 339). « Celui-ci développa une souche de fox-terriers… » et plus loin « Défaut : manque de type terrier. » (standard 345).

> Un sang bleu d'origine incertaine

Cela tord le cou au mythe du « véritable jack russell ». En effet, certains éleveurs anglais contemporains se targuent de posséder des chiens issus directement des lignées du révérend Jack Russell, qui seraient le sang bleu de la race ! Mais l'histoire veut que Jack Russell lui-même, ait bâti sa fameuse lignée sur une chienne aux origines inconnues, Trump, et qu'il ait régulièrement fait des mariages avec des terriers d'autres races.

Ce qui est important, c'est que le standard affirme que les bons croisements sont ceux qui furent faits avec d'autres terriers. « On a aussi tenté de croiser le jack russell avec d'autres races canines, mais les descendants ne correspondant pas au type ancestral, ces essais décevants ont été abandonnés. » (standard 339).

> Terrier avant tout

En termes clairs, cela signifie que les types issus des croisements avec des corgis et des teckels sont proscrits : le petit jack russell de type très basset, à pattes torses, n'est pas à rechercher, aujourd'hui comme hier. Et pourtant, c'est celui que nous rencontrons trop souvent sur les trottoirs parisiens, et que beaucoup de néophytes pensent être le « véritable jack russell ». Non, le modèle à rechercher est bien celui issu des mariages avec d'autres terriers, plein d'ardeur au travail. « Conformément à cette tradition, des croisements avec d'autres races de terriers ont été perpétrés jusqu'à ces tout derniers temps. »

Interprétation du standard

Cette interprétation du standard s'appuie sur des échanges approfondis avec des éleveurs et des utilisateurs professionnels, britanniques, allemands, afrikaners, belges, irlandais, hollandais, et français, mais également d'Australie et de Nouvelle-Zélande : éleveurs depuis plusieurs décennies (de père en fils pour certains), gardes-chasse, gardes fédéraux…

> Aspect général

Le russell, qu'il soit jack ou parson, est un chien de travail dont la sélection s'est attachée à mettre en valeur les qualités d'un terrier d'utilité. Cela est fondamental. Modèle, tempérament et comportement au travail sont liés, et il faut lire ce standard en ne l'oubliant jamais ; le jack russell doit rester apte au travail.

Il doit être leste, et montrer de la puissance sous un petit gabarit. Il doit donner une image compacte, être de construction solide avec une bonne ossature. La longueur du corps doit être proportionnée à sa hauteur. Lorsqu'il s'agit du jack, sa corpulence ne doit pas faire obstacle à sa mobilité : c'est un petit chien trapu mais souple. De même, le parson ne doit jamais être trop lourd, ni trop « éclaté », et les poitrines trop descendues sont un grave défaut, clairement énoncé par le standard et à proscrire : « Poitrine modérément descendue sans dépasser le niveau du coude ; prise derrière les épaules, deux mains de grandeur moyenne doivent pouvoir en faire le tour. »

Le russell doit ressembler à un chien qui peut aller sur et sous terre, et qui doit savoir s'attaquer à un renard. Il doit être alerte et actif, et surtout pas endormi ou timide. Les deux standards réclament un chien à la fois endurant et rapide.

> Caractère

Le russell est un chien hardi, très sûr de lui, montrant parfois un tempérament légèrement agressif envers ses congénères, mais parfaitement contrôlable au commandement de son

Promesse of Mayo Land.

maître. Il est adorable et amical envers les enfants et les adultes. C'est un animal très joueur, aux réactions rapides. Un chien de travail certes, mais qui ne doit jamais être un « énervé » ou aboyer sans raison ! Les chiens craintifs sont exclus de la reproduction, et les éleveurs tout comme les utilisateurs doivent être particulièrement attentifs à ce point s'ils veulent continuer à développer les qualités intrinsèques de ces chiens.

Il faut souligner que le standard du jack russell (n° 345) insiste sur ses qualités d'excellent chien de compagnie.

> Tête et crâne

La proportion « crâne-chanfrein » est importante pour la bonne expression du russell : un

ratio de 3/5 pour le crâne contre 2/5 pour le museau semble être idéal. Mais, lorsqu'on examine les proportions de la tête, il ne faut jamais oublier que les moustaches et les sourcils des « poils durs » rééquilibrent parfois des têtes qui sont un peu longues. À l'inverse, une belle tête de « poil lisse » paraîtra plus longue et plus fine, parce que dépourvue de « broussailles ». De même, certaines répartitions des taches de couleur peuvent abuser l'œil.

Le russell doit avoir une forte denture : jack ou parson, le museau doit être large et les mâchoires puissantes, avec une bonne occlusion en ciseaux : ce sont celles d'un terrier de travail. Les arcades dentaires doivent être suffisamment grandes pour permettre au chien d'avoir un ensemble complet de dents de bonne taille. Je pense qu'une mâchoire en forme de « U » est préférable à un museau en « V ». Chez le jack, le standard précise que les muscles jugaux sont bien développés. Pour les deux races, la truffe doit être noire (ni marron, ni rose) et des muqueuses de couleur foie sont un grave défaut. Parfois, en hiver, le nez de certains chiens prend une couleur plus claire, le noir revenant avec les premiers beaux jours. Il ne faut pas confondre ce phénomène avec un manque de pigmentation. Les lèvres doivent être fermes et non pendantes, également bien pigmentées.

> Les yeux

Le regard est ardent et attentif. Les yeux sont sombres, en amande, pas trop enfoncés dans les orbites. Les yeux proéminents, globuleux, ne doivent pas être recherchés, de même que les yeux trop clairs, jaunes ou dorés.

Actuellement, en ce qui concerne le parson, les éleveurs cherchent à améliorer la qualité de pigmentation du bord des paupières, qui est rarement foncé chez les parson russell blancs ou peu colorés.

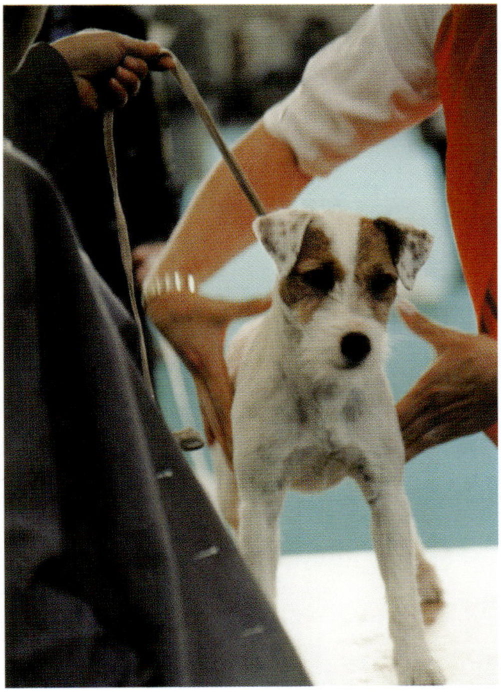

La poitrine : 2 mains de grandeur moyenne doivent pouvoir en faire le tour.

Le standard du jack (n° 345), lui, est précis et exige une pigmentation noire des paupières. Les examens vétérinaires portant sur l'atrophie rétinienne et les autres tares oculaires ne se pratiquent que très rarement en France, alors qu'ils le sont régulièrement par les éleveurs étrangers, en particulier britanniques et allemands.

> Les oreilles

Chez le parson, la pointe inférieure doit venir au maximum à l'angle de l'œil. Pour le jack russell, le standard ne préconise rien quant à leur longueur, mais il insiste sur la mobilité et l'implantation.

Il est important de ne juger les oreilles que sur des chiens en éveil : de belles oreilles bien proportionnées et à l'implantation correcte accentuent l'expressivité. Les oreilles doivent être portées contre le crâne.

> Membres et corpulence

• L'épaule

L'angulation de l'épaule est importante et cela caractérise, avec la poitrine, une des grandes différences entre jack et parson. La bonne position de l'épaule est fondamentale, car elle absorbe avec le métacarpe la plupart des ondes de choc entre le sol et la colonne vertébrale. Un chien à l'épaule droite et au métacarpe trop redressé souffrira de longues journées de chasse sur des sols durs et rocailleux. Une épaule droite serait un grave défaut.

• La poitrine

Vu de face, le parson russell doit être compact. On peut même dire « serré » comme les Anglais qui emploient le terme « narrow », c'est-à-dire que la largeur entre les pointes des épaules doit être faible. Il me paraît important de souligner que les Britanniques sont particulièrement attentifs à l'étroitesse du poitrail, et les poitrines trop descendues sont considérées comme un défaut grave empêchant le travail sous terre. Une des premières choses qu'ils examinent chez un parson est la distance entre les deux antérieurs (ce que les hommes de chevaux appellent l'interars), qui ne doit pas être supérieure à 3 doigts d'homme.

Les omoplates ne doivent pas faire saillie sur la cage thoracique. Le poitrail ne doit pas être développé, ni la poitrine trop descendue, elle ne doit jamais dépasser les coudes, ni être ronde. Les coudes doivent être étroitement collés sur les côtés du corps et cela même en mouvement.

• Rapport corpulence/mobilité

Pour le jack, la côte peut être légèrement cintrée mais sans être ronde, et la poitrine se situe différemment du parson : on peut imager en disant que le parson a la poitrine au-dessus des coudes, tandis que le jack l'aurait, lui, plus en avant des coudes. Le rapport entre la

corpulence et la mobilité est fondamental, et le jack doit toujours rester un chien souple, capable de se mobiliser sous terre. Chez le jack, il faut sanctionner les poitrines trop rondes, et le standard indique que le périmètre thoracique est d'environ 40 à 43 cm.

• Les antérieurs

Pour nos deux races, les antérieurs doivent être forts et bien musclés, sans pourtant manquer d'élégance. Vu de face, ils doivent être droits de la pointe du coude au carpe, avec des articulations solides. Les pieds ne doivent pas être

Windinook Bonny Lass, gagnante de la Cruft's 2000 : une belle chienne truitée.

Suzanne Pattyn, affixe *Suzan's Pride.*

tournés vers l'extérieur ou l'intérieur. Un avant-bras arqué est un grave défaut.

• La poitrine

La poitrine doit être mesurée derrière les coudes. Il est d'usage pour le juge qui officie de prendre cette mesure à l'aide des mains.

L'importance du tour de poitrine

Les juges et les éleveurs anglais insistent sur l'importance du tour de poitrine : « Facteur essentiel pour déterminer si un terrier peut ou non poursuivre une proie sous terre. » (Barry Jones, affixe *Hoelio*). « En ce qui concerne l'étalon, il y a un point essentiel plus important que n'importe lequel, c'est son tour de poitrine. » (Eddie Chapman). Le club français demande aux juges d'attribuer le qualificatif « Insuffisant » et de ne pas confirmer les chiens dont la poitrine, mesurée derrière les coudes, a une circonférence supérieure à 45 cm.

La mesure du tour de poitrine

Comment doit-on procéder pour mesurer le tour de poitrine ?

Lorsqu'on procède, il ne faut pas agir de façon brutale ou brusque, le chien se contracterait, retiendrait son souffle et la mesure serait erronée. Pour la même raison, il ne faut ni le soulever du sol par les pattes avant, ni le lever à hauteur de poitrine. Le terrier placé par terre, il faut placer les mains d'un geste sûr, en dessous et autour de la poitrine. L'éleveur néophyte qui s'essaie à cet exercice peut se contrôler en se servant d'un mètre de couturière. Attention à bien prendre la mesure derrière les coudes !

• La ligne de dessus

La ligne de dessus (ou ligne de dos) a pour base osseuse la colonne vertébrale. On peut diviser cette région en trois parties : le garrot, le dos et le rein. La ligne de dessus remplit trois fonctions distinctes dans l'harmonie de la construction : elle est en même temps la clé de voûte de l'ensemble, l'axe médian auquel sont reliées toutes les autres parties, et enfin l'agent de transmission des forces de l'arrière-main à l'avant-main, et réciproquement. Plutôt un peu longue que trop courte dans son aspect général, une bonne ligne de dos doit être bien soutenue, tendue et solide.

La ligne de dessus ne doit pas être rectiligne, mais légèrement arquée au niveau des reins (et non au milieu du dos) : cette conformation particulière de la région des reins caractérise le terrier de travail. La ligne de dos se termine harmonieusement par la croupe. Elle doit donner au regard la sensation d'être parallèle au sol dans son ensemble ; que le chien soit en statique (position immobile) ou en mouvement. Une ligne de dessus plongeante révèle un défaut de conformation : lorsqu'on regarde le chien de profil, le rein est légèrement surélevé par rapport au garrot.

Jack Russell : Deja Vu Journey of the Hunters Pride, femelle, gagnante du championnat de France 2001.

> Les membres postérieurs

Le russell doit avoir des pattes arrières fortes et bien musclées. On recherche un chien à la musculature tonique, sans être trop volumineuse. Le grasset est bien coudé, mais sans exagération. Le jarret est court, c'est-à-dire qu'on apprécie lorsque la pointe du jarret est basse, près de terre. Cette conformation générale, sans excès, permet un maximum d'efficacité au terrier et de réelles aptitudes à suivre les chiens courants lorsque nécessaire.

> Les pieds

Les pieds doivent être ronds, compacts, avec des doigts courts et serrés. Les coussinets doivent être épais et résistants. Ils seront noirs de préférence, ainsi que les ongles.

> La queue

• Son utilité

La queue est souvent employée pour sortir le chien du terrier ; elle doit donc être solide et bien attachée. Le jack russell est un terrier de travail, et il est de tradition de lui écourter la queue pour qu'il ait, à l'âge adulte, une longueur de queue équivalente à un bon travers de main, soit environ 13 cm ; cela permet d'avoir une bonne prise lorsqu'on doit attraper le chien au fond d'un terrier. Quoi de plus pitoyable que ces petits jack affublés, les malheureux, d'un moignon de queue de quelques centimètres !

• Son implantation

Le jack est un chien à la croupe relativement longue et inclinée et au rein solide. Étant le prolongement de la colonne vertébrale, la queue du jack russell ne doit pas être plantée trop haut sur le dos (les Anglais parlent alors de queue de roquet !), mais elle doit émerger de la croupe en suivant la direction générale du corps, afin d'offrir la meilleure prise possible lors de l'extraction d'un terrier. Il est important de ne pas rechercher chez le jack russell une implantation de queue trop verticale qui rappellerait celle du fox-terrier moderne, avec un dos très raccourci et de mauvaises angulations arrières. Le port de queue est variable au repos. Mais, dans l'action, la queue du russell fait un angle d'environ 45° avec le corps. Certains chiens, particulièrement les mâles lorsqu'ils sont excités ou qu'ils se jaugent, peuvent avoir des ports de queue qui se recourbent sur le dos.

• La caudectomie

La caudectomie n'est toujours pas interdite en France. Cette opération, si elle est faite dans les premiers jours de la vie, est pratiquement indolore.

La caudectomie est aujourd'hui interdite dans plusieurs pays : la Suède, la Finlande, la Norvège, l'Allemagne, la Suisse, etc., à terme, elle le sera également en Belgique. Il faut savoir que sous la pression des pays d'Europe du Nord, cette opération risque demain d'être prohibée dans la plupart des pays adhérents à la FCI, et que déjà, les chiens dont la queue a été écourtée après le premier juin 1998 sont

Champion suédois et norvégien, Embla.
Notez la queue non coupée.

exclus des compétitions allemandes. Le risque est pour les chiens français de se voir interdire de participer aux grandes épreuves internationales et de ne plus pouvoir être exportés en Europe du Nord.

> Le mouvement

Pour juger des allures d'un chien, vous devez le regarder évoluer au trot de face, de profil et de derrière : les allures doivent être souples et harmonieuses, le mouvement libre et coulant. Le chien doit se déplacer à longues enjambées, bien droites et sans effort apparent. Les antérieurs sont propulsés parallèlement, et il ne doit pas y avoir de flottement dans les coudes. Une bonne épaule permet au chien d'aller chercher le terrain loin devant lui. La patte peut ensuite revenir librement, et le chien couvre ainsi beaucoup de terrain. La poussée des postérieurs est fondamentale pour l'impulsion : le chien doit bien engager les postérieurs sous lui. Les membres antérieurs et postérieurs doivent être parfaitement coordonnés.

C'est l'économie de mouvements qu'il faut rechercher, un maximum de couverture pour un minimum d'efforts. Le chien qui billarde (dont les coudes se décollent, qui donne l'impression de « ramer ») a de mauvaises allures qui vont souvent de pair avec une poitrine trop descendue.

> Le poil

• Son rôle

La protection que fournit le poil est très importante pour un chien qui travaille au terrier. Les deux standards reprennent ce point « naturellement rêche, serré et dense, qu'il soit lisse ou dur » (standard n° 339 du parson) « il doit être résistant aux intempéries » (standard n° 345 du jack).

Pour le parson, la texture reste la même, seule la longueur du poil varie. Souvent, le poil est plus long autour du cou et sur les épaules (formant une collerette), et le long de l'épine dorsale. Qu'il soit qualifié de poil lisse ou de poil dur, le parson doit présenter un poil de

Élevage les Halliers de la Lierre.

couverture rêche sur le dos, avec un bon sous-poil doux et abondant. Ni le poil ras et très fin, ni le poil grossier comme on peut le rencontrer chez le fox à poil dur ou le lakeland, ne sont de bonnes textures de poil.

Aujourd'hui, on commence à rencontrer de beaux parson à poil lisse. En effet, les croisements poil dur/poil lisse donnent d'excellents résultats et améliorent la qualité du pelage. En revanche, les mariages poil lisse/poil lisse sont traditionnellement évités : à terme, ils produisent des chiens au sous-poil de très mauvaise qualité.

Chez le jack, on rencontre parfois des robes très abondantes avec des poils plus doux. Le standard nous recommande de ne pas épiler… cette préconisation semble difficile à respecter dans le cadre d'une bonne hygiène et d'une simple présentation correcte.

• Le sous-poil

Dans les deux races naissent parfois des chiens à poil lisse. Mais, à poil dur comme à poil lisse, le russell doit avoir un bon sous-poil qui lui permette de résister à une longue journée de chasse et aux pires broussailles. À valeur égale, on préfère le poil dur, plus proche du russell d'origine. Mais un chien à poil lisse, bien construit, ne doit pas être pénalisé en exposition sur sa texture de poil. Et le juge qui connaît la race sait que les sourcils broussailleux et la barbichette peuvent parfois « habiller » une tête qui n'est que quelconque…

> La couleur

La robe du russell est dite à panachure envahissante. La couleur de la robe initiale est largement envahie par le blanc, et ne persiste que sous la forme de quelques taches colorées sur la tête, la base de la queue, et éventuellement les côtés. La limite extrême de l'envahissement du blanc correspond à la disparition totale de la couleur, qui reste limitée à la truffe et aux yeux, le chien étant alors complètement blanc ; cela est permis dans la race parson, mais n'est pas du tout recherché dans la race jack, qui est traditionnellement plus colorée.

Un chien parfaitement blanc, le parson !

Carlisle Tack, chien blanc, issu directement des souches du révérend et élevé par William Carrick, a souvent été cité par les Anglais comme un chien proche de l'idéal de la race (on parle ici du parson). La Cruft's a été gagnée en 1993 par un mâle entièrement blanc, Brunsparagon Bucko Joe. On ne le répétera jamais assez : un parson russell peut parfaitement être blanc, sans aucune tache si petite soit elle !

• Les taches

Aujourd'hui, on considère que des taches feu, noires, marron ou tricolores (mélange de ces couleurs) peuvent marquer le chien. Ces taches, de préférence circonscrites à la tête et à la base de la queue, ne doivent pas dépasser le quart de la surface corporelle chez le parson.

• Le blanc

Le jack, plus coloré que son homologue britannique, doit au regard du standard de race présenter au minimum 51 % de blanc, et peut donc être marqué de taches multiples, mais qui ne doivent pas dépasser la moitié de la surface corporelle. La France a ici encore adopté une position singulière en mélangeant les critères relatifs aux deux races pour l'examen de confirmation.

• La qualité de la peau

Les robes au sous-poil pigmenté sont courantes dans les deux races, et particulièrement appréciées des éleveurs étrangers ; en effet, elles sont le plus souvent associées à une bonne texture de poil et à une peau épaisse et résistante. Or, cette qualité de peau est réclamée par le standard britannique du parson. Il faut se rappeler (cf. paragraphe précédent) que celui-ci est un chien parfois très peu coloré, il faut donc compenser les risques, et une bonne pigmentation du sous-poil ou de la peau est génétiquement favorable à une meilleure qualité de celle-ci.

• Mouchetures et truitures

De toute manière, lorsque le poil de couverture est long, le chien doit présenter l'aspect blanc requis par les standards. C'est épilée que la robe peut être mouchetée avec des semis de poils rappelant la couleur initiale. Lorsqu'ils

sont foncés, marron ou noir pour le jack, on parle de mouchetures, et de truitures lorsqu'ils sont fauves. Les spectateurs de la Cruft's 1995 ont ainsi pu admirer Trumpmoor Exmoor Adge, mâle aux mouchetures noires, et Howlbeck Pacific Diver, meilleur mâle jack russell de cette fabuleuse exposition, qui présente, épilé, de belles truitures. De nouveau, en 2000, la gagnante est une chienne truitée.

• Les marques bringées

Ce qui est interdit, ce sont les chiens présentant des marques bringées. Les bringeures sont un mélange de poils de couleurs différentes, les poils sombres formant des rayures ou des zébrures sur le fond de poil plus clair. C'est une marque traditionnelle chez le boxer ou le staffordshire terrier… Ces rayures peuvent être plus ou moins foncées et plus ou moins épaisses. En effet, et Eddie Chapman le dit très bien, le bringé est la preuve d'un croisement ancien avec les chiens de type bull. Or cela est interdit, les deux races ayant des caractères très différents. Quand on se souvient de la répulsion affichée par le révérend pour les chiens issus de ce type de retrempe, il suffit de regarder un staffordshire terrier (une des « versions modernes » du bull terrier tel que l'entendait les auteurs du début du siècle) pour comprendre pourquoi les robes bringées sont à proscrire. Génétiquement d'ailleurs, mouchetures et bringeures sont totalement différenciées : les premières correspondent au locus T (comme ticking) et les secondes au locus E (comme extension). Les mouchetures sont d'ailleurs souvent d'apparition tardive, et votre chiot bien blanc à 2 mois peut devenir entièrement moucheté à 8 ou 10 mois.

> La taille

• Chez le jack

La taille idéale se situe entre 25 et 30 cm, pour un poids de 5 à 6 kg. La conformation est primordiale, ce n'est ni un « petit parson », ni un chien trop long dans son dos. Le jack est un chien relativement corpulent, sans que cela nuise à sa mobilité, qui doit rester grande.

• Chez le parson

Les minima

Le standard anglais fixe des minima : les mâles ne peuvent mesurer moins de 33 cm et les femelles moins de 30 cm. La reconnaissance par le Kennel Club a ainsi éliminé une variété qualifiée de parson « miniature » par certains (plutôt carré, moins de 28 cm). La Fédération cynologique internationale a durant dix ans adopté une position de compromis en admettant les chiens d'une taille inférieure à 30 cm, avec la volonté d'homogénéiser le cheptel. Depuis peu et à la demande du Kennel Club, elle a également exclu les petits modèles.

Les maxima

En matière de maxima, les Britanniques ne fixent pas de limite, la hauteur au garrot maximale traditionnellement admise pour un travail efficace au terrier étant de 15 pouces (soit

38,5 cm). En effet, ils considèrent avec raison que la passion du chien à la chasse et sa circonférence thoracique sont fondamentales, pas sa taille... Comme disent les vieux chasseurs, « les membres peuvent se plier, pas le thorax ». Les chiens qu'on a pu admirer à la Cruft's en 2002, sous les jugements de Georges Simpson, un très grand éleveur britannique qui a marqué l'évolution de la race de son sceau, avaient tous des poitrines correctes, peu descendues, permettant un bon travail sous terre. Enfin, il faut remarquer que la même toise maniée par deux juges différents peut afficher quelques centimètres de différence !

La confirmation

> Qu'est-ce que la confirmation ?

La confirmation est l'examen indispensable, en France, pour qu'un chien de race soit reconnu apte à reproduire des sujets qui seront eux-mêmes reconnus comme des chiens de race. Ceci est particulier à la France, et il n'est pas sûr que cette formalité perdure, du moins sous cette forme. La confirmation n'est pas subordonnée à l'obtention du TAN (test d'aptitudes naturelles) qui est un tout autre examen fondé sur le caractère et les aptitudes au travail.

N'oubliez rien

Vous présenterez au juge ou à l'expert-confirmateur :

– un formulaire de demande de confirmation rempli, signé et daté ;

– la carte d'identification au fichier central (par tatouage ou transpondeur) ;

– le titre de naissance : le certificat de naissance (grand feuillet rose édité par la Société centrale canine), le pedigree émanant d'un livre des origines reconnu par la FCI ou la déclaration à titre initial.

Munissez-vous également du carnet de vaccinations à jour.

Une affaire à suivre...

Il faudra bien, un jour ou l'autre, intégrer le petit parson dans la cynologie officielle. Ce qui semble poser problème, c'est l'imbroglio autour du nom jack ou parson et autour du type. Les Anglais semblent peu enclins à accepter que l'appellation « nationale » de jack russell puisse concerner un standard autre que britannique... mais peut-être se sont-ils réveillés un peu tard ! La FCI se laissera-t-elle imposer par la Grande-Bretagne un changement d'appellation du standard 345 ? Les Anglais lui demandent, en effet, de le requalifier en « Australien jack russell terrier » !

Plus que la taille, ce qui est important, c'est le modèle du chien : on peut rencontrer des chiens « courts sur pattes » toisant un bon 34 cm, et de tout petits « hauts sur pattes »... Il semble aujourd'hui que les mariages entre ces deux morphotypes sont des plus aléatoires, et qu'ils ne donnent que rarement un jack ou un parson équilibré. Souvent, les produits obtenus ne sont ni jack, ni parson : par exemple, ils peuvent être d'un type « court sur pattes » mais toiser plus de 30 cm. Ou être d'un modèle Parson mais avec des membres antérieurs en forme de lyre, avoir un dos trop long, ou une poitrine bariquée...

Plus que la taille, ce qui est important, c'est le modèle du chien.

> Comment faire confirmer votre chien ?

Pour la confirmation, vous devez présenter votre chien devant un juge spécialiste de la race. Ce n'est ni compliqué, ni difficile : vous pouvez le faire en vous rendant au domicile d'un expert-confirmateur, en participant à l'une des journées de confirmation « toutes

Mayo Land.

races » régulièrement organisées par les sociétés canines régionales, en vous rendant à l'une des séances qu'organise le club de race, ou en vous inscrivant dans une exposition canine.

> Les documents

Votre jack russell déclaré apte, vous devez envoyer ces papiers à la Société centrale canine, dans l'année qui suit l'examen, accompagnés d'un chèque acquittant le montant des frais de dossier ; ce montant est indiqué au dos du formulaire de confirmation. La Société centrale canine procède alors à l'inscription définitive au Livre des origines et établit le pedigree. Attention, en France, la distinction entre jack et parson ne se fait pas sur le type mais uniquement sur la taille. Cela provoque parfois des situations cocasses !

Quelques conseils pour l'examen de confirmation

– Ne conduisez votre russell que s'il est en parfaite santé, identifié de manière lisible, et convenablement vacciné.

– Ne le laissez pas tirer sur sa laisse, ni sauter sur le juge !

– Accoutumez-le au public en fréquentant les galeries marchandes ou les halls de gare ; votre chien doit se laisser toucher sans difficultés.

– N'oubliez pas de trimmer (épiler) votre jack ou votre parson, quelques semaines avant la séance de confirmation, si celui-ci est à poil dur.

– Concentrez-vous sur la présentation de votre chien.

– Acceptez, quelle qu'elle soit, la décision finale.

Les points de non-confirmation établis par la France

Les points de non-confirmation communs aux deux variétés

Type général

Manque de type (insuffisance de caractères ethniques qui fait que l'animal dans son ensemble ne ressemble plus suffisamment à ses congénères de la même race).

Points particuliers dans le type

Oreilles droites.

Tour de poitrine supérieur à 45 cm.

Robe

Sujet ayant moins de 70 % de blanc.

Œil jaune ou vairon.

Anomalies

Monorchidie (absence de testicules), cryptorchidie (un testicule absent).

Prognathisme inférieur ou supérieur.

Plus de 2 prémolaires manquantes (non compris les PM1).

Plus d'une incisive manquante.

Caractère

Sujet agressif.

Sujet exagérément craintif.

Points de non-confirmation de la taille

Parson russell terrier

Tailles non comprises dans la limite du standard.

Mâles : de 34 à 38 cm, avec une tolérance de 2 cm pour la taille inférieure.

Femelles : de 31 à 35 cm.

Jack russell terrier

Tailles non comprises dans la limite du standard, de 25 à 30 cm.

> Commentaires des points de non-confirmation

Vos chiens sont certainement de charmants compagnons d'une grande gentillesse et qui méritent votre amour. Mais l'intérêt de la confirmation est uniquement de sélectionner des géniteurs aptes à améliorer la race. On peut être un très bon chien de famille sans avoir à assumer une carrière d'étalon ou de reproductrice.

• La taille

Attention, en France, la distinction entre jack et parson ne se fait pas sur le type, mais uniquement sur la taille. Lors de la confirmation, le juge détermine, au vu de la taille, si le chien est un jack ou un parson.

• Arcades dentaires et occlusion

L'ensemble des dents est regroupé sur les maxillaires inférieur et supérieur. Lorsque la bouche est fermée, les incisives supérieures doivent recouvrir les incisives inférieures dans un contact étroit, et être implantées bien à l'équerre par rapport aux mâchoires. S'il y a perte de contact entre les incisives, c'est un grave défaut. L'articulé en pince (dit aussi en tenaille) est proscrit chez le jack russell ; en effet, il s'agit d'une tendance au prognathisme inférieur.

Les dents de lait

Des dents de lait peuvent ne pas tomber : si la dent définitive n'est pas exactement dans le même axe, la résorption de la dent de lait ne se fait pas normalement. Il est alors conseillé de faire appel à votre vétérinaire pour extraire la dent de lait concernée.

Arcades dentaires et occlusion

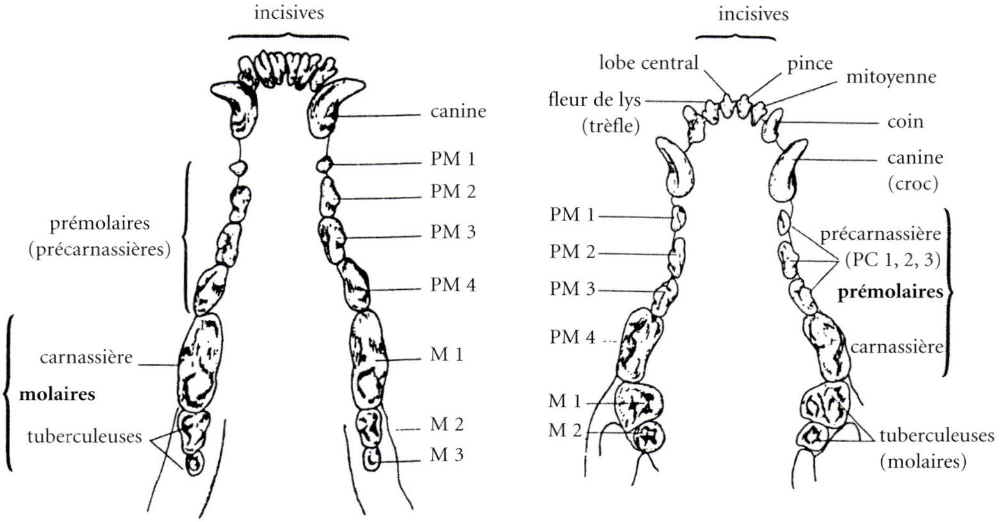

Mâchoire inférieure (arcade dentaire inférieure).

Mâchoire supérieure (arcade dentaire supérieure).

Chiot Jack Russell of the Hunters Pride.

L'UTILITÉ DES RUSSELL TERRIERS

Le tempérament terrier est caractérisé par la hardiesse, le courage, la ténacité et le mordant.

Parfois, deux ennemis héréditaires peuvent s'entendre comme larrons en foire.

Le russell, chien de travail

> LA FAMILLE TERRIER

L'Angleterre est la patrie d'élection des terriers, et traditionnellement, chaque région en possédait un. Les Anglais ont effectué un tel travail de sélection qu'ils ont su multiplier à l'échelon régional des variétés qui allaient devenir des races. Les premières descriptions de terriers font apparaître une multiplicité de tailles, de variétés, de types de pelage… Ce n'étaient pas des chiens de nobles, mais des chiens rustiques, attachés à la ferme. Leurs utilisations sont nombreuses : prévenir de l'arrivée d'un étranger, améliorer l'ordinaire grâce au braconnage d'un garenne, protéger le grain contre les souris et le poulailler contre les renards et les autres prédateurs. Les chasseurs s'en servent aussi pour éliminer les « nuisibles » et protéger ainsi le petit gibier.

> LE TRAVAIL DU CHIEN DE TERRIER

Le travail du chien de terrier est un combat contre des adversaires armés, vigoureux et résistants : renards, blaireaux, ragondins… Ce travail se déroule en pleine obscurité, dans un milieu hostile, et qui peut parfois s'ébouler. De plus, l'arrivée d'air se situe derrière le chien, qui la bouche plus ou moins complètement de son corps, et l'air subsistant dans la galerie, peu à peu, devient vicié. Aussi, seuls les chiens ayant beaucoup de volonté soutiennent cette véritable épreuve. Ils doivent être de conformation relativement réduite afin de pouvoir se mouvoir aisément dans les galeries, soit pour mener une attaque, soit pour se défendre, avec une musculature puissante, des mâchoires solides, un rein fort, une queue qui était souvent écourtée, un poil lisse ou demi-long, généralement de texture rude.

> LA MORPHOLOGIE NÉCESSAIRE

Un des points les plus importants pour pouvoir mener à bien ce travail semble être une poitrine étroite mais longue : le chien peut ainsi se mouvoir dans les galeries tout en ayant une morphologie laissant place à un bon développement du cœur et des poumons. La question de la longueur des pattes apparaît beaucoup moins essentielle, les utilisateurs emmenant traditionnellement avec eux plusieurs types de chiens.

Grizzly, champion de travail et champion de conformité au standard.

La chasse au saut du terrier

> Un chasseur né

Libre à vous de ne pas aimer la chasse, mais votre russell, lui, est un chasseur né, redoutable spécialiste du déterrage du blaireau (aujourd'hui protégé) et du renard. Utilisé en Angleterre pour faire sauter le renard terré devant les fox-hounds lors des chasses à courre, son atavisme naturel le pousse à chasser au terrier.

> Le piégeage

Aujourd'hui, le piégeage est très réglementé et depuis l'arrêté du 27 juin 1991, l'usage de la chloropicrine est interdit pour tuer les nuisibles. Les gestionnaires de l'environnement doivent réguler ces prédateurs, qui n'ont plus de concurrents dans la nature, sous peine de voir disparaître certaines populations de lièvres, de lapins, de faisans, de perdrix… Dans ce contexte, le russell terrier (qu'il soit parson ou jack) trouve naturellement sa place auprès du garde-chasse.

> Une technique d'éradication efficace

Une technique d'éradication efficace est la chasse dite « au saut du terrier ». C'est une chasse silencieuse à pratiquer seul ou avec un compagnon. Il faut avoir avec soi un ou deux chiens créancés sur le renard. On s'approche des terriers à bon vent pour ne pas être repéré par le renard. Il faut donc toujours arriver par le haut des garennes, le renard au repos se tenant habituellement près d'une sortie et à l'étage inférieur des talus. Il faut éviter que le jack ne se retrouve face au renard : c'est alors le ferme et une partie de déterrage qui commence. Près du terrier, on laisse aller son chien qui va tester le terrier. S'il est habité, le jack prend l'odeur de la voie fraîche et y pénètre. Le renard dérangé cherche alors généralement à sortir sans être remarqué. Quoique, parfois, plus expérimenté ou plus inquiet, il sorte comme un boulet de canon ! Si le chasseur sait rester invisible, le tir est possible. Mais, si le renard l'aperçoit, il préférera faire demi-tour et affronter le chien.

Deux jack de l'élevage King Bossie's : Gentle Glenn et Golden Girl Kelly.

> Les qualités du chien

Pour cette chasse, il faut envoyer en premier lieu un chien qui, sans être trop agressif (ce qui pousserait le renard à faire face), saura être fort et intelligent. Si le renard ne se décide pas à bouger, le chien va devoir l'inviter à « sauter » en venant aboyer à un mètre environ, puis en reculant avant de revenir pour l'inciter à sortir. Il est souhaitable que le chien ressorte fréquemment du terrier. Il faut alors le maintenir auprès de soi quelques minutes, ce qui permet au renard stressé de choisir de fuir.

On incite le chien à revenir par l'emploi d'un petit sifflet. Si votre terrier est habité, et qu'une demi-heure ou trois quarts d'heure se passent sans que le jack ne puisse faire « sauter » son renard, il faut alors changer de tactique et utiliser un chien plus agressif qui cherche le contact.

Ce dernier va inquiéter le renard et réussira peut-être à le faire sortir par la force. Mais ce n'est pas la meilleure solution ! Dans cette chasse, on tue en général plus de mâles que de femelles. La période favorable se situe de décembre à février, et le taux de réussite avoisine les 70 %.

Le déterrage

> La technique

Il s'agit d'une branche de la vénerie, comme la chasse à courre, dite petite vénerie. Le travail de ces chiens spécialement créancés sur les nuisibles est d'abord de déterminer si le terrier est occupé. En effet, le renard ne le fréquente que rarement et le plus souvent, on y trouvera une renarde et ses petits. Les terriers comprennent plusieurs chambres. Au cours d'une poursuite qui se déroule sous terre, et qui peut parfois être fort longue, le chien cherche à acculer

Quelques erreurs à ne jamais commettre

– être trop pressé de démarrer son chien ;

– vouloir faire entrer de force un jeune chien au terrier s'il n'en a pas envie ;

– lui faire peur en rassemblant trop de gens inconnus autour du terrier où on désire le faire débuter ;

– l'exciter sans raison : on obtient ainsi des chiens qui aboient faux ou qui attaquent un blaireau terriblement armé.

Goupil dans une des chambres. Le déterreur ne peut suivre l'action qu'en écoutant et en interprétant les abois de son chien. Pour cela, il colle l'oreille contre terre ou pratique des sondages. Le chien doit déployer beaucoup de courage pour dominer le fauve et le mettre à l'accul. En effet, le renard qui ne peut plus fuir va défendre sa vie. D'autant plus que la situation peut parfois durer longtemps en attendant l'intervention du chasseur. Celui-ci, armé de pelle, parfois de pioche, creuse une tranchée à l'aplomb de l'accul de façon à ouvrir la galerie devant le chien, face au renard qui sera extirpé à l'aide de pinces spéciales et abattu proprement. S'il s'agit d'un blaireau, espèce protégée durant la reproduction et l'élevage des jeunes, il est d'usage de le relâcher.

> Les qualités du chien

Entrer dans un terrier et y poursuivre un renard qui connaît le terrain et qui a l'avantage de la luminosité est une activité qui demande de la rusticité, de la résistance, beaucoup d'allant, de la volonté, de l'entêtement même, de la pugnacité, de la hardiesse, mais aussi beaucoup de flair, d'intelligence et une bonne voix que le chien doit savoir n'utiliser qu'à bon escient.

Histoire de chasse

Une belle histoire, racontée par Madame de Bellescize : un soir de grand froid, en Sologne, à la passée aux canards, l'étang est gelé. Le retriever est un bon gros labrador avec beaucoup de métier. Mais, ce jour-là, il est bien trop lourd pour pouvoir s'aventurer sur l'étang gelé. Va-t-on abandonner le gibier tué. Pas question ! Madame de Bellescize s'en retourne chercher un de ses jack, et voici notre petit père tranquille qui rapporte ses trois canards, sous l'œil attentif du labrador, assis au bord de l'eau. Dommage que le photographe ne soit pas passé par là !

Ses capacités d'adaptation à d'autres chasses

> Les battues

Le russell, chien de petit gabarit, est toujours partant pour toutes sortes de chasses. Dans nos régions, il s'est révélé bon broussailleur, et il excelle en buissons et fourrés. Il adore cela et fait tout voler.

Madame de Bellescize (affixe *des Gueguis*), ardente chasseresse qui mène ses parson et ses jack depuis plus de 10 ans, en emmène toujours quelques-uns rabattre dans les battues de faisan. En plaine, il est sous la main du chasseur. On en a vu faire de très beaux arrêts sur lapin. Il bourre à l'ordre et se révèle parfois bon rapporteur.

> Plus le poil que la plume

Au marais, il n'hésite pas à se lancer à l'eau au rapport du canard et de la sauvagine, et il nage très bien. Mais son vrai travail, c'est plus le poil que la plume. Bien sûr, il lèvera la volaille, mais ce n'est pas sa vocation première, et vous risquez toujours de le voir filer à la chasse aux ragondins… bon sang de terrier ne saurait mentir !

> Un ardent pisteur

C'est également un ardent pisteur du lièvre et du chevreuil. Il traque efficacement, débusque et poursuit le cerf, et cela sans trop l'effaroucher (beaucoup moins que les grands chiens courants). Il permet donc au chasseur de le rapprocher pour le tirer.

Mais c'est au sanglier qu'il s'est révélé un auxiliaire de tout premier ordre, en développant son ardeur et son adresse pour maintenir au ferme le « cochon ». En effet, il adore chasser en petites meutes sous l'autorité d'un « vrai » patron.

Une même passion

Jack et parson font preuve de la même passion pour la chasse sur terre, et vous procureront tous les deux de grands plaisirs ; mais le modèle « haut sur pattes », ou parson, semble plus sportif et résistant dans le cadre de longues journées de chasse, surtout si elles se succèdent.

Ses qualités naturelles

Selon Jean-Michel Rainon (affixe *des Hautes Naises*), ses qualités naturelles font merveille : il mène à vue et ne vous emmène pas sur une voie vieille d'une heure. Il a une bonne voix chaude, persévérante, qu'il n'utilise qu'à bon escient lors des contacts rapprochés. Il est courageux sans excès, ne va pas chercher la prise quand le gibier est dangereux, mais saura tenir au ferme n'importe quel sanglier, en faisant preuve d'une grande combativité et de beaucoup de prudence. Très peu se font blesser. Et c'est un chien que vous n'attendrez pas à la fin d'une partie de chasse ; au commandement, il sera à vos côtés ! Jean-Michel Rainon est maître d'équipage, il effectue plus de 45 sorties d'hiver avec ses 17 jack russell. Ils chassent principalement le sanglier. Le jack est d'ailleurs de plus en plus utilisé par les piqueurs de Champagne, des Ardennes et de Picardie, notamment pour la recherche au sang.

Les épreuves de travail

> Les règlements de travail

Elles sont essentiellement destinées à tester le potentiel du chien et à initier les jeunes sujets. Le règlement de travail au terrier artificiel, ainsi que l'épreuve de quête au bois et de broussaillage, sont propres au club du parson et du jack russell. En ce qui concerne l'épreuve au terrier naturel, un règlement spécifique est applicable au jack russell pour les épreuves organisées par le club du jack russell terrier. Les jack russell peuvent concourir dans d'autres épreuves organisées par d'autres clubs, ils sont alors soumis au règlement commun. On peut se procurer les différents règlements de travail auprès du club de race.

> Les épreuves au terrier

Tout en restant très sociables, les épreuves au terrier doivent sélectionner des chiens équilibrés, intelligents, capables d'un travail efficace. C'est-à-dire faire sortir le renard du terrier, ou le maintenir au ferme sans défaillance (jusqu'à l'arrivée des déterreurs), ou le prendre, la prise n'étant pas à rechercher systématiquement mais étant quelquefois indispensable pour le maintien au ferme. L'animal de chasse est exclusivement le renard. Il s'agit là essentiellement de chasse sous terre.

> L'entraînement au terrier artificiel

Faut-il entraîner au terrier artificiel le jeune russell avant de le lâcher sous terre ?

Très souvent, au sein des équipages de chasse, la première expérience se déroule sous terre. Pourtant, de plus en plus de maîtres d'équipage ont pris conscience que les entraînements au terrier artificiel permettent de débourrer un jeune chien en sécurité, ce qui est loin d'être négligeable. Mais, pour cela, il faut entretenir un bon échantillon de renards de travail (fuyants, ni trop agressifs, ni trop mordants), ce qui permet d'ajuster le travail demandé au jeune chien.

• Une grave erreur

Au terrier artificiel, une grave erreur est de vouloir aller trop vite. On arrive ainsi à « forcer » le caractère de jeunes chiens prometteurs en les affrontant à des renards par trop agressifs qui leur « mettent une raclée » et les écœurent. S'ensuit alors pour l'entraîneur un long travail de remise en confiance du chien. Il ne faut jamais oublier qu'au terrier, le vainqueur est celui des deux qui prend l'ascendant sur son adversaire. C'est également une des raisons pour lesquelles il faut éviter de mettre le jeune jack face à des renardeaux… cela ne peut que l'induire en erreur quant à la réalité de son adversaire, et, au pire, le rendre faussement « mordant ».

Le championnat de travail

Aujourd'hui, pour votre jack, seules les épreuves basées sur le travail au renard ouvrent le championnat de travail.

Pour devenir champion de travail au terrier artificiel, le chien doit obtenir :

– 3 CACT au terrier artificiel, dans 3 terriers différents, sous 3 juges différents, et il doit s'écouler au moins 6 mois entre le 2e et le 3e CACT ;

– un « Très bon » en exposition dans une spéciale du club.

• L'appréciation des qualités du chien

Le terrier artificiel permet de juger des qualités et de la passion d'un chien : est-il franc, prudent, téméraire ? A-t-il une bonne voix ? Comment se comporte-t-il lors de la poursuite face au rétrécissement ? Quelle est la qualité de son nez ? Est-ce un chien qui chasse à l'oreille ? Se rapproche-t-il du renard ou au contraire se tient-il à bonne distance ? Sait-il maintenir le ferme et résister aux attaques du fauve ?

• Construire un terrier

Dimensions

Le terrier utilisé dans les épreuves de travail pour les russell terriers doit mesurer plus ou moins 50 m de long, 16 cm de large et 18 cm de hauteur.

Les dimensions retenues pour les épreuves de jack russell sont différentes de celles des épreuves pour les fox. Elles sont en revanche presque identiques au terrier des teckels. Les juges pour teckels sont agréés pour faire passer les épreuves de travail aux jack russell.

Description

« Une galerie d'entrée d'environ 6 m, avec un coude, conduit à une première maire ronde ou hexagonale d'environ 60 cm de diamètre. De cette maire partent deux galeries qui vont, en se rejoignant à la deuxième maire, former la première boucle d'un circuit grossièrement en forme de 8. L'une de ces deux galeries comporte un rétrécissement sur 1 m qui réduit sa largeur à 12 cm et se poursuit par une descente, une partie plate et une remontée, d'environ 1 m de long chacune. La deuxième galerie est dite de contournement. De la deuxième maire part la deuxième boucle qui est moins longue, et qui comporte une ou deux maires servant d'accul, avec, de façon facultative, une galerie d'1 m pour la récupération du renard. »

Dark Illusion of the Hunters Pride.

Plan d'un terrier artificiel

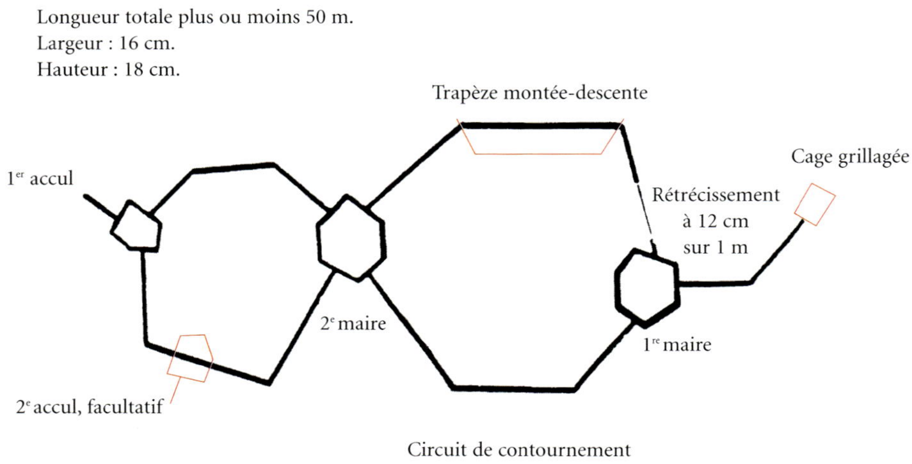

Construction

« Le terrier est formé de caissons de 50 cm de long, enterrés sur les quatre-cinquièmes de leur hauteur, pouvant s'ouvrir partout facilement à l'aide de couvercles, mais bien clos afin que l'obscurité soit parfaite à l'intérieur. Le sol est formé de terre battue, sauf au niveau du trapèze de montée et de descente, où le sol peut être bétonné. Au niveau de chaque maire, un dispositif de grilles coulissantes permet d'ouvrir ou de fermer toutes les galeries y arrivant (de 3 à 4). Chaque couvercle de caisson est muni d'un dispositif de type fil électrique souple, permettant de voir la progression et le passage du renard et du chien sans nuire à l'obscurité totale qui doit régner dans le terrier. »

• Déroulement du concours

L'épreuve de terrier vide est supprimée depuis 1992.

« Un renard est introduit par l'entrée et immobilisé dans la maire n° 1 à l'aide de grilles. Puis le chien est introduit par la même entrée et doit se porter le plus vite possible à la grille de la maire n° 1 qui le sépare du renard, et il doit alors l'aboyer de façon cadencée et soutenue. Le chien est éliminé s'il n'a pas donné de la voix au bout de 5 minutes. Des abois fermes et cadencés à la grille pendant une minute sont considérés comme suffisants pour commencer le travail. Celui-ci va durer 20 minutes, et le temps est décompté dès les premiers abois.

Le renard est alors libéré de la maire n° 1 par la levée de la grille qui conduit à la galerie qui comporte la descente et la montée. Dès qu'il

Les épreuves au terrier. Réglementation (extraits)

La durée des épreuves est fixée à 20 minutes par chien.

Un renard pour trois chiens et un maximum de quinze chiens par concours sont souhaités.

Les épreuves ne sont pas publiques : elles se déroulent sur un terrain privé.

Le terrier est enclos.

atteint la maire n° 2, le chien est libéré à son tour et la poursuite commence. Le jury se sera assuré, au préalable, de l'ouverture de toutes les grilles, à l'exception de celles des acculs qui s'opposent à la fuite du renard. Une grande cage grillagée d'au moins 1 m est placée à l'entrée du terrier, et la grille levée. Elle permet l'entrée de la lumière. Après 10 minutes de poursuite, s'il n'y a pas d'accul spontané, de prise ou de saut forcé du renard dans la boîte d'entrée, la poursuite se continue dans la petite boucle, où est réalisé à l'aide des grilles un accul artificiel, de préférence dans la même maire pour tous les chiens. »

Champion Idefix des Halliers de la Lierre.

La sélection

Actuellement, le jack russell n'est sélectionné que sur les épreuves de travail au renard. Seules les épreuves de terrier ouvrent la classe travail en exposition canine.

> Épreuve de quête au bois et de broussaillage

D'après Jean Michel Rainon (affixe *des Hautes Naises*), ce type d'épreuve permet de mettre en évidence les qualités typiques propres à la race pour faire sauter un gibier hors de l'enceinte après l'avoir trouvé, aboyé jusqu'à l'inciter à démarrer et lancé. Mais attention, contrairement à d'autres races de terriers plus brillantes, le jack est un chien qui chasse « au petit pied », et sa dépendance vis-à-vis de son maître ne doit l'inciter à partir que sur quelques centaines de mètres. Il s'agit juste de donner un peu d'élan au gibier afin de lui faire sauter le layon. Ses menées doivent être courtes et vives, et il ne s'écarte pas beaucoup de son maître. Stéphane Gaudin (affixe *du site Corot*) ajoute qu'il est toujours possible que l'atavisme du chien de terrier se réveille, et que votre jack quitte la traque pour explorer une souche odorante !

Nelly Mackworth.

Bien vivre avec son russell terrier

L'ÉDUCATION DU RUSSELL TERRIER

L'adorable boule de poils va grandir, affirmer son caractère, et il lui sera difficile de comprendre que ce qui lui était permis il y a six mois, lui est désormais interdit. Aussi, à vous de déterminer ce que vous voulez vivre avec votre jack, et si vous voulez lui donner, dès le départ, de bonnes habitudes.
Un chien bien éduqué est un compagnon agréable, qui pourra vous accompagner chez vos amis, dans votre famille, au restaurant, dans le train, en vacances... Pour votre jack, une bonne éducation est le gage d'une vie agréable : c'est un des grands plaisirs d'une vie de chien, que de suivre son maître, partout et en toutes circonstances.

Acheter son russell terrier

Votre choix sera différent selon que vous désirez un chien de compagnie, un chien pour la chasse, ou un futur champion. Mais, qu'il s'agisse d'agrandir la famille, de doter le chasseur d'un auxiliaire polyvalent, ou de commander une future star des rings, le bon sens doit guider vos pas. Acheter un chien est une décision importante, qui doit être réfléchie : l'acquisition d'un parson ou d'un jack vous engage pour dix à quinze ans. D'autre part, il faut parfois savoir attendre longtemps le bon chien que vous aurez commandé auprès d'un éleveur de qualité.

Le maître idéal

> Un sportif

Le maître idéal est, indifféremment, un homme ou une femme : le russell est un sportif de petit gabarit, qui a du tempérament. C'est un « vrai » chien. Il convient à toute personne de caractère qui recherche un compagnon à part entière. Comme tous les terriers, il est entièrement dévoué à son maître, très intuitif, et toujours prêt à vous suivre dans de nouvelles aventures. Ce n'est pas un énervé, mais c'est un chien de travail, qui a de l'influx nerveux, qui a besoin de courir, de sauter, de chasser... bref, de travailler. Si vous voulez un chien de manchon, ne choisissez pas un jack, vous seriez malheureux, et lui aussi. Si vous

WINDY

êtes cavalier ou chasseur, si vous êtes amoureux de la nature, passionné de balades et de sorties à l'extérieur, si vous pratiquez l'agility... le parson est un chien pour vous, et vous lui conviendrez. On voit également des russell pratiquer le flying-ball, l'obédience, le cavage (où il excelle) et les courses entre terriers.

> Une responsabilité quotidienne

Bien sûr, vous savez que prendre la responsabilité d'un chien est une charge quotidienne. Que même durant les grands froids, et les jours pluvieux, vous devrez le sortir. Qu'il vous faudra correctement le loger, le nourrir, l'éduquer, lui proposer de l'exercice, et le faire suivre régulièrement par un vétérinaire... Mais vous êtes décidé, et c'est lui qu'il vous faut : son caractère tonique et son côté nature vous ont séduit. Il correspond à votre mode de vie, et saura vous accompagner dans vos grandes ballades.

> Un compagnon de détente

Vous êtes chasseur : son merveilleux potentiel et sa polyvalence font de lui le compagnon que vous recherchiez depuis toujours. Vous êtes cavalier : son petit gabarit musclé, ainsi que son entente exceptionnelle avec les chevaux et les enfants, vous permettront de l'emmener partout : au club, en randonnée, dans les concours hippiques... Ou vous êtes un fervent amateur d'agility, et un russell sera, pour vous, un merveilleux compagnon de détente sportif (le parson est une véritable « bombe » capable de réaliser des chronos fabuleux !)

Mâle ou femelle ?

> Les différences morphologiques et psychologiques

Dans une race de petit gabarit, comme le russell terrier, les différences morphologiques et psychologiques sont faibles. En général, le mâle est d'un gabarit légèrement supérieur à la femelle, quoiqu'on rencontre des femelles puissantes. Il existe des mâles très doux, très « cocooning », et des femelles particulièrement dominantes. Plus qu'une question de sexe, le tempérament est souvent une question de lignée : le comportement se transmet, comme les caractères physiques. Interrogez votre éleveur, il pourra vous renseigner. Il a fait naître la portée, l'a observée, et a souvent une bonne appréciation du caractère de chacun.

> La femelle

La femelle vous causera quelques légers désagréments durant ses chaleurs, qui ont lieu deux fois par an : nervosité, petites pertes sanguinolentes, odeur forte, parfois une tendance à uriner de-ci de-là. Durant cette quinzaine, il vous faudra faire preuve de vigilance, et ne jamais la laisser à l'extérieur sans surveillance, sous peine de voir la famille s'agrandir. Une excellente solution consiste à stériliser la chienne avant ses premières chaleurs, c'est-à-dire vers 7 ou 8 mois. Cette opération est actuellement préconisée pour prévenir les tumeurs mammaires dont sont victimes de nombreuses chiennes vieillissantes.

> Les idées reçues

Méfiez-vous des idées reçues. Élever une portée ne préservera en rien la santé de votre chienne, ni n'arrêtera le cycle de ses grossesses nerveuses. Si vous êtes tenté par une chienne, vous proposant de la faire reproduire par la suite, il faut savoir que cela demande de l'amour, du temps, du savoir-faire… et beaucoup d'argent. Estimez-vous heureux, si vous rentrez dans vos frais. La motivation financière n'est qu'un attrape-nigaud. En revanche, si le virus de l'élevage vous a rattrapé, pourquoi ne pas acheter une excellente chienne, issue des meilleures lignées et tenter l'aventure… mais c'est alors une tout autre histoire !

> Le mâle

Le propriétaire d'un mâle, quant à lui, ne connaît pas tous ces désagréments. Certains peuvent lui reprocher de lever la patte. C'est vrai lorsqu'il s'agit d'un étalon qui saillit beaucoup, ou si un mâle inconnu vient chez vous. Mais, dans l'ensemble, un chien bien éduqué restera propre.

Vous avez déjà un autre chien

> Le sexe opposé

Votre choix peut se faire par rapport au chien qui est à la maison ; si c'est un mâle, vous n'aurez aucun problème à intégrer une femelle à la famille. Mais il faudra demander à votre vétérinaire de la stériliser, sinon la situation risque d'être ingérable quand la femelle est en chaleur.

> Le même sexe

Cependant, n'hésitez pas à choisir un chiot du même sexe que votre premier chien : après tout, le chef de meute, c'est vous ! Et l'expérience prouve que deux chiens du même sexe élevés ensemble s'entendent bien, pourvu que soient respectées des règles de bon sens : évitez la surexcitation des jeux de balle ou de traction, et ne mettez pas vos deux mâles au contact d'une chienne en chaleur.

Il est parfois beaucoup plus difficile de faire cohabiter deux femelles, notamment au moment des chaleurs : des conflits latents peuvent alors s'exacerber. Et les bagarres entre femelles sont beaucoup plus dures que celles entre mâles !

> La différence de taille

La différence de taille entre votre premier chien et votre chiot russell peut, elle, constituer un problème : en effet, votre petit jack, en vrai terrier, n'aura absolument aucune appréhension, ni aucun complexe, face à un chien beaucoup plus puissant que lui. Évitez de distribuer des os sans surveillance, et veillez aux démonstrations d'affection.

Un grand chien, même très placide, donne parfois un coup de gueule, ne serait-ce que pour remettre ce diable de jack à sa place ! Mais, quand l'un pèse quarante kilos, et l'autre à peine quatre, les conséquences peuvent être sévères.

Où acheter son russell ?

Quoi qu'il en soit, vous craquez pour ce « grand chien dans un petit emballage ». Bien que votre achat soit, d'abord, un coup de cœur, il vous faut éviter de devenir la proie d'un vendeur habile, et sélectionner un éleveur sérieux, compétent, et qui aura à cœur de vous conseiller dans votre démarche.

> Un éleveur spécialiste

La meilleure chose est de vous rendre chez un éleveur spécialiste de la race. N'hésitez jamais à visiter, demandez des informations complémentaires sur les géniteurs et sur le mode d'élevage. Selon vos préférences, vous pourrez aussi prendre contact avec un chasseur, qui s'est attaché à préserver une souche bien adaptée à son terroir et à son style de travail. Vous avez aussi la possiblité de vous rapprocher d'un particulier possédant une chienne d'excellente qualité, qu'il aura accouplée avec un étalon tout aussi sélectionné. Prenez votre temps, visitez les élevages, demandez à voir les parents et les grands-parents. L'éleveur vous présentera la mère, qui doit être gaie. Parfois, l'étalon sélectionné pour la portée réside loin ; vous ne verrez, alors, que des photos. N'hésitez pas à aborder la question du prix : aujourd'hui, beaucoup d'éleveurs acceptent que vous régliez en deux ou trois fois.

> Les différents éleveurs

- L'éleveur amateur

Au sens littéral du terme, c'est « celui qui aime », « qui pratique pour son seul plaisir et non par profession ». Celui-là prendra le temps de vous expliquer la race et de faire partager sa passion ; il connaîtra le caractère de ses chiots et pourra vous guider. Parfois, il peut paraître de caractère difficile, mais avant d'être commerçant, c'est quelqu'un qui aime ses chiens, et qui éprouve un serrement de cœur en les voyant partir.

Pour lui, l'acheteur est un mal nécessaire, car il ne peut garder tous ses chiots. Il élève en sélectionnant, afin d'améliorer la race. C'est souvent un chasseur acharné, ou un inconditionnel des expositions, ce qui lui permet d'échanger avec d'autres passionnés, d'observer les produits d'un étalon ou d'une lice, et de choisir les reproducteurs qu'il utilisera.

• L'éleveur professionnel

L'éleveur professionnel pratique une activité agricole ; comme tel, il est déclaré aux services vétérinaires dépendant du ministère de l'Agriculture, est en règle avec les différents services fiscaux, et est généralement affilié à la mutuelle sociale agricole. Comme dans toute profession, on y rencontre le meilleur et le pire : quand l'amour des chiens est là, c'est un élevage où vous trouverez compétence et passion. Mais l'éleveur qui propose une trop grande variété de races n'en connaîtra réellement aucune, et sera uniquement motivé par l'aspect lucratif. Et quand seul la rentabilité guide la démarche… Vous aurez tout au plus la garantie d'un professionnel qui ne tient pas à ce qu'une mauvaise publicité lui soit faite.

• L'éleveur occasionnel

L'éleveur occasionnel ne connaît pas grand-chose à la race. Il se contente d'accoupler sa femelle… le meilleur mâle étant le moins cher ! Pas d'étude des ascendants, et si les chiens sont porteurs de tares génétiques, cela n'a, pour lui, aucune importance. De toute façon, cet éleveur n'assure aucun suivi de ses chiots, une fois la portée vendue. Aucune déclaration, ni aux services vétérinaires, ni aux services fiscaux… Et, tous les six mois, on retrouve beaucoup de ces éleveurs « occasionnels » vendant des chiots par l'intermédiaire des journaux d'annonces gratuits !

Un conseil : si vous soupçonnez une telle situation (il ne s'agit ici que d'arrondir des fins de mois), rendez-vous chez cet « éleveur », sans votre carnet de chèques (on craque facilement devant un bébé), faites-vous présenter les parents, discutez des conditions d'élevage… Puis demandez à réfléchir, et lorsque vous repartirez, jetez un coup d'œil par-dessus votre épaule afin d'observer la tête de la personne qui vient de vous recevoir. À vous de conclure.

Comment trouver la bonne adresse

> La SCC

La Société centrale canine (SCC) possède un fichier qui répertorie toutes les naissances inscrites au Livre des origines français (LOF). Un

simple appel téléphonique (voir les adresses utiles), et vous recevrez par courrier la liste des portées disponibles.

> La cotation du club de race

La cotation mise en place par le club de race est axée autour des résultats en concours de travail au terrier artificiel. Cela favorise l'émergence de lignées de travail, qui peuvent parfois se révéler particulièrement ardentes et fatigantes à vivre à la maison. La cohabitation avec chat et autres animaux domestiques peut même être difficile, voire impossible.

> Les revues spécialisées

Plusieurs revues spécialisées sont disponibles en librairie. Elles proposent des articles de fond sur les différentes races canines. En les contactant, vous pourrez vous procurer les numéros qui ont traité du jack russell et du parson. De plus, ces revues cynophiles abondent en petites annonces, et vous pourrez ainsi nouer vos premiers contacts. Mais n'oubliez jamais que n'importe qui peut passer une annonce, il suffit de payer : discutez avec les éleveurs et demandez des informations complémentaires.

> Les expositions canines

Vous pouvez également vous rendre dans les expositions canines qui se déroulent près de chez vous. C'est une sortie en famille très agréable. Vous en obtiendrez le calendrier auprès de la SCC et dans les revues précitées. Vous pourrez y regarder les russell terriers évoluer dans les rings de compétition, et ainsi vous « former l'œil ». Vous y rencontrerez des éleveurs passionnés, amateurs et professionnels. Cette démarche est indispensable si vous désirez créer votre élevage.

> Les professionnels

Si vous connaissez un vétérinaire, ou un toiletteur, vous pouvez lui demander de vous indiquer un éleveur sérieux. Une dernière chose : il ne faut jamais hésiter à vous déplacer, ni à visiter plusieurs élevages ; le bon éleveur ne réside pas nécessairement à votre porte. Et quand vous aurez fait votre choix, que le contact sera « bien passé », soyez patient : chez les bons éleveurs, les chiots sont rarement immédiatement disponibles.

Acheter un chien inscrit au LOF

> Qu'est-ce que le LOF ?

C'est le Livre des origines français, qui vous garantit une origine connue et l'appartenance à la race. C'est une procédure simple, claire, peu onéreuse, et qui n'implique aucune obligation pour l'acheteur. Sous prétexte de payer moins cher, n'acceptez jamais d'acheter un jack « sans papier », c'est-à-dire ne possédant pas son certificat de naissance (qui se présente sous la forme d'un grand feuillet rose à trois volets). Il est néanmoins possible que l'éleveur ne l'ait pas encore en sa possession lorsqu'il vous vend le chiot. Il vous indique alors le numéro de dossier de déclaration de la portée auprès de la Société centrale canine, qui est l'organisme qui gère le LOF.

Howlbeck River Bee.

> Un budget limité

Si votre budget est limité, il est préférable d'acheter un chiot inscrit au LOF, mais présentant un défaut : ce peut être un chiot trop coloré, ou présentant un port d'oreilles droites… L'éleveur vous signalera le défaut, vous indiquant que ce chien est inapte à la reproduction, et baissera son prix. Vous pouvez aussi choisir de faire une bonne action en adoptant un chien dans un refuge.

Le prix d'un jack russell

> L'offre et la demande

Tout d'abord, il faut savoir que le prix d'un chien est très lié à la demande du public, et pas toujours à la qualité du sujet. En 2002, le prix d'un chiot russell terrier variait entre 600 et 1 000 euros. Ne cherchez pas systématiquement le chiot le moins cher ; si actuellement, vous pouvez trouver des jack à bas prix, c'est peut-être qu'ils ne valent pas plus !

> Une sélection réfléchie

En France, encore trop peu d'éleveurs ont une sélection réfléchie basée sur le type, et évitant les mariages entre parson et jack. Là aussi, c'est une question de bon sens ; il est difficile d'acheter une Rolls Royce pour le prix d'une « deux chevaux »… Et à l'âge adulte, un chiot issu d'un mariage croisant les deux types risque d'être disproportionné, et sera susceptible, par exemple, de toiser 33 cm, voire 34 ou

Champion Patch of Mayo Land (couché) et sa sœur de portée.

35 cm, avec une morphologie de mauvais jack (en termes clairs, il risque d'être trop grand et/ou trop long). Il faut avouer que cela n'est pas vraiment beau ! À éviter absolument si demain vous avez l'intention de vous lancer dans la reproduction.

> Les élevages réputés

Les élevages réputés vendent généralement leurs chiots plus chers. En effet, certaines lignées s'imposent autant sur les rings d'exposition que dans les épreuves de travail. Si vous examinez les origines de votre futur chiot, peut-être y retrouverez-vous des affixes célèbres.

> Le sujet d'exposition

Si votre choix se porte sur un sujet d'exposition, ne soyez pas étonné de son prix, qui sera bien plus élevé que celui d'un chien de compagnie. En effet, l'éleveur vous proposera alors un sujet âgé de plus de 6 mois, que sa morphologie, sa dentition et son caractère rendent apte à gagner sur les rings. Pour cela, l'éleveur a sélectionné un de ses meilleurs bébés, lui a consacré du temps, et a pris tous les risques à sa charge… Aussi ne laissera-t-il ce sujet d'élite quitter son élevage que contre une juste rétribution, qui peut parfois atteindre deux ou trois fois le prix d'un chiot de 10 semaines.

Le meilleur âge pour quitter l'élevage

> Le phénomène d'empreinte

Entre 3 et 6 semaines, tout attire les chiots qui sont en sympathie avec le monde entier. C'est également à cet âge qu'ils apprennent à distinguer l'espèce à laquelle ils appartiennent des autres espèces. C'est le phénomène d'empreinte. Durant cette période, les chiots d'une

même portée doivent rester ensemble et avoir des contacts variés : femmes, enfants, hommes, et tous les animaux possibles.

> La socialisation

Après l'âge de 6 semaines, le chiot commence à craindre ce qui lui est inconnu. L'aptitude à la socialisation, vis-à-vis d'espèces nouvelles ou de personnes inconnues, diminue progressivement jusqu'à la douzième semaine. Ainsi, si un départ précoce de l'élevage est souhaité, la meilleure date se situe le plus tôt possible, vers la huitième semaine. Lorsque cela est possible, et surtout s'il s'agit de votre premier chien, l'âge idéal se situe autour de la douzième semaine. Le chiot est alors prêt à s'intégrer dans son nouvel environnement.

Le développement du chiot

À 4 mois, votre chiot remplace ses dents de lait. Il est propre, si vous lui avez consacré le temps nécessaire. Généralement, les femelles ont leurs premières chaleurs aux environs du septième mois. Vers 9 mois, le jeune russell atteint sa taille adulte, mais il va continuer à prendre de la corpulence. Toutefois, sous une apparence d'adulte, il reste un tout jeune chien, avec une mentalité de chiot. Aussi, n'ayez aucune crainte quand un bon éleveur vous propose un chiot un peu plus âgé que ce que vous aviez envisagé : pour peu que ce dernier n'ai pas été élevé en chenil, vous allez acquérir un chien qui sera prêt à vous écouter et à vous aimer de tout son cœur de jack.

Quelques conseils

– Lisez attentivement les conseils qui vous auront été remis par votre éleveur.

– Souvent, la cuisine est un bon endroit pour placer le panier de votre russell : son revêtement se lessive facilement, toute la famille y passe, une porte la ferme et permet d'isoler le chien si nécessaire.

– Évitez les paniers en osier, beaux… mais qui ne résistent pas aux dents pointues d'un petit russell déchaîné. Les paniers en plastique sont d'un entretien aisé et très confortables si vous placez au fond ce que les éleveurs appellent un « Vet Bed » : c'est une moquette spéciale qui isole le chien du froid, absorbe l'humidité et se lave facilement. Vous pourrez trouver ce produit en vous rendant dans une exposition canine. Les expositions sont, en effet, de merveilleux endroits pour les courses de l'amateur de chiens !

– N'oubliez pas d'emmener votre russell chez le vétérinaire la semaine qui suit son arrivée. Profitez-en pour y acheter produit antipuces, shampooing et vermifuge. Un jeune chien doit être vermifugé tous les mois. Et cela, jusqu'à 9 mois. Ensuite, deux à quatre fois par an suffisent.

– Votre éleveur vous aura remis un échantillon de la nourriture habituellement consommée par votre bébé, de façon à éviter le changement brutal de régime alimentaire, toujours perturbant pour le métabolisme du chien. Pour changer de régime alimentaire, on procède ainsi : 2/3 de la nourriture antérieure pour 1/3 de la nouvelle nourriture pendant trois jours, puis moitié-moitié, et enfin, 1/3 de la nourriture d'origine pour 2/3 de la nouvelle nourriture.

– Pensez à votre éleveur et donnez-lui des nouvelles de son « bébé » : est-il bien accueilli dans la maison ? A-t-il fait un bon voyage ? Qu'en a dit votre vétérinaire ?

– Un excellent bouquin que je recommande à tous : « Comment parler chien » de Stanley Coren chez Payot.

L'arrivée du chiot à la maison

> Son premier voyage

Vous avez choisi votre futur compagnon chez un éleveur sérieux qui lui a consacré beaucoup de soins et d'attention. Le grand jour arrive, vous êtes décidé. Demandez à être accompagné pour aller chercher votre chiot, ainsi son premier voyage en voiture se déroulera dans les meilleures conditions. Si votre chiot est malade, il ne faut ni le gronder, ni le cajoler ; vous devez ignorer l'incident, pour ne pas l'effrayer ou ne pas l'inciter à reproduire ce type de comportement… pour les câlins !

> L'arrivée dans sa nouvelle demeure

Lorsque vous arriverez chez vous, placez-le tout de suite à l'endroit où vous voulez qu'il fasse ses besoins, et attendez ! Un lieu calme, où il ne risque pas d'être bousculé, convient bien. En général, dans les dix minutes, votre bébé se soulagera. Vous le féliciterez chaleureusement : « c'est bien, c'est bien », en le flattant gentiment. Votre chiot aura ensuite tendance à retourner se soulager à cet endroit, qu'il va associer avec votre contentement.

> Son coin

Montrez ensuite à votre chiot l'endroit que vous lui aurez préparé : un panier confortable où il puisse se réfugier au calme, lorsqu'il désirera se reposer.

Un chiot a besoin, comme un jeune enfant, de beaucoup de sommeil. Si votre éleveur peut vous remettre un chiffon imprégné de l'odeur de la portée, cela lui permettra de se rassurer en abordant son nouvel environnement ; vous le placerez dans son panier pendant quelques jours. Une sorte de doudou pour chiot qui va calmer son angoisse de se retrouver seul dans un univers inconnu.

> La première nuit

La première nuit est souvent difficile ; il ne faut pas trop entourer votre chiot en début de soirée, mais, au contraire, le laisser seul trouver ses repères. Allez vous coucher sans marquer de différences de comportement. Pas de : « Au revoir, mon nounou. » Vous fermez tranquillement la porte de la cuisine, et vous ne revenez plus avant le lendemain, quoi qu'il arrive ! Le sommeil de votre chiot sera peut-être entrecoupé de pleurs et de gémissements. Résistez ! C'est tout à fait normal. Et la prochaine nuit sera meilleure.

Les grands principes de l'éducation

Le russell a, comme tous les chiens, un mode de pensée logique fondé sur l'association d'idées simples. Il apprend par association ordre-sensation. Il ne peut comprendre quand ordre et sensation sont décalés dans le temps : un chien surpris le nez dans la poubelle peut être réprimandé d'une voix ferme et grave, d'un « non » sec et bref. Lorsque vous rentrez et qu'il a dévasté la cuisine, rien ne sert de sévir : votre russell n'a pas la notion du temps qui passe, et il n'a pas la structure mentale pour associer votre mécontentement à ce qu'il a pu faire 1 heure, ou même 10 minutes auparavant. En revanche, devant la conviction émanant de votre attitude corporelle, et votre ton de voix mécontent, il adopte un comportement de dominé : queue basse et oreilles couchées… qui vous donne à croire qu'il vous comprend. Ne vous leurrez pas, il n'en est rien.

Il faut savoir…

Seul un ordre donné par le maître suivi d'un comportement du chien, immédiatement récompensé, est assimilé.

Les premiers mots

Avec la connaissance de son nom et la réponse à un appel, le « non » prononcé d'une voix forte et brève est l'un des premiers ordres que votre petit russell doit connaître.

> La violence inutile

Éduquer un chien, ce n'est pas jouer au plus fort ; et la violence n'est jamais nécessaire. Au contraire, il faut savoir à la fois le comprendre et se faire comprendre, être juste et ne pas être avare de récompenses.

> L'association

La meilleure façon de procéder est d'associer un ordre du maître à un comportement du chien. De cette manière, on renforce positivement le bon comportement. Par exemple : dans les 10 minutes qui suivent son repas, le chiot va ressentir la nécessité de faire ses besoins. Aussi, pour lui apprendre à devenir propre, après le repas, vous l'accompagnerez dehors, sur le gazon ou dans le caniveau, et lorsqu'il se soulagera, vous le féliciterez chaudement, renforçant ainsi le comportement que vous voulez lui voir adopter. Récompensez toujours le bon comportement ; le mode mental du chien fonctionne par association, il va vite comprendre, et associer certains mots à des réactions, et des récompenses.

> La réprimande sur le fait

Dans d'autres circonstances, le dressage du chien de la famille, quand la réprimande par la voix ne suffit pas, peut passer par l'indifférence, c'est-à-dire un temps durant lequel le maître va ignorer délibérément son chien.

Élevage of the Hunters Pride.

Quelques conseils pour être le maître de votre russell terrier

– Le chiot doit occuper une place de dominé : vous ne placerez pas son panier dans un endroit stratégique, où il pourrait surveiller les allées et venues de la maisonnée, et jamais il ne dormira dans votre lit.

– En cas de bêtise, vous pouvez renvoyer fermement le chiot dans son panier : le fait d'y rester quelques minutes est un acte de soumission. Ne le frappez jamais dans son panier.

– Vous devez manger avant votre chiot. Vous ne devez pas le regarder manger (en langage chien, il s'agit d'un acte de soumission). Mendier à table est interdit.

– Vous devez favoriser les expériences à l'extérieur : contacts fréquents avec d'autres personnes et d'autres chiens, ambiances bruyantes, marchés... Vous devez aussi l'habituer à être transporté en voiture.

– Vous éviterez les jeux de traction qui peuvent favoriser l'apparition du mordant. Vous refuserez fermement de vous laisser mordiller les mains ou le bas de vos pantalons.

– Ne permettez pas au chiot ce que vous lui interdirez une fois adulte.

– Sachez moduler les punitions : le ton de la voix est important, pas de violence inutile. Saisir le chiot par la peau du cou et le secouer est une punition sévère qui le remet instantanément dans la posture de la totale soumission à la mère.

– Sachez prendre conseils auprès de votre éleveur ou de dresseurs confirmés. Par exemple, un chien qui vient de mordre et qui pose sa patte sur la personne mordue ne s'excuse pas ! Au contraire, il adopte là le comportement du dominant qui veut apaiser un conflit de meute.

Parfois, cela peut être utile de donner une tape (proportionnée au physique de votre chien)... quand elle est méritée, et à la condition absolue de prendre le chien sur le fait ; la mémoire du chien est très courte. La punition est un des éléments de l'éducation : la mère ne procède pas autrement, et elle n'est pas tendre avec ses jeunes. Elle n'a pas recours à la voix ou à l'indifférence ; elle prend la tête du petit dans sa gueule ou elle le secoue par la peau du cou, et le force à l'inhibition. Mais il faut toujours avoir présent à l'esprit que la sanction doit avoir lieu lorsque le chien réalise la mauvaise action, sous peine qu'il ne vous comprenne plus. En revanche, ne vous attendez pas à ce que votre bébé vous obéisse la première fois que vous lui donnerez un ordre.

> Les rencontres

Il ne faut pas oublier que chaque jack va développer sa personnalité propre ; la tolérance et les aptitudes au dressage variant d'un individu à l'autre. Les chiens, comme l'homme, ont besoin de stimulations affectives, mentales et physiques. Un russell qui s'ennuie risque de développer des comportements aberrants, et de prendre de mauvaises habitudes. Donnez-lui des jouets qui l'intéressent et emmenez-le faire de longues balades. Il est très important d'offrir à votre chiot l'occasion de rencontrer des congénères. C'est indispensable à un développement harmonieux de sa personnalité. N'oubliez jamais que le chien est un animal de meute, qu'il doit pouvoir communiquer avec les autres chiens, et que cela s'apprend. Aussi ne le surprotégez pas ! Vous en feriez un malheureux, entièrement dépendant de vous et du genre humain, sans relation avec les copains de son espèce.

Les tout premiers apprentissages

Maintenant, votre chiot va devoir apprendre de nombreuses choses en peu de temps : son nom, les premiers ordres, la propreté, la solitude… Aidez-le en adoptant les bons comportements.

> L'apprentissage de son nom

• Le choix du nom

Connaître son nom est primordial pour votre russell. Dès son arrivée chez vous, peut-être même avant, vous lui aurez choisi un nom. Celui-ci peut parfaitement être différent du nom qui a été choisi par l'éleveur, et qui figure sur le certificat de naissance. En effet, s'appeler « Our own Atomic Odile of Mayo Land », c'est difficile à porter au quotidien ! N'hésitez pas à rebaptiser votre bébé d'un beau nom qui claque.

• La technique

C'est très facile d'apprendre au chien à connaître son nom ; pour cela, appelez-le pour lui donner sa nourriture, et il viendra de lui-même. Puis appelez-le en vous abaissant et en l'attirant. Il faut associer son nom à des choses agréables, et cela deviendra vite un réflexe. Si votre chiot se fait attendre, n'adoptez pas un ton de voix irrité ou grondeur ; au contraire, continuez de l'appeler gaiement. Surtout contrôlez-vous, quoiqu'il se passe, et attirez-le. Récompensez-le d'une voix chaleureuse et d'une caresse, lorsqu'enfin « monsieur » ou « madame » daigne obtempérer.

> L'apprentissage de la solitude

Apprenez à votre chien à rester seul le jour. Sortez de la pièce ou de la maison sans cérémonie, et sans marquer de différences de comportement. Ne dites rien, pas d'« au revoir Pitch, à bientôt ! Sois sage, bébé… ». Et de même, lors de votre retour, ne répondez pas à la fête qu'il vous fera. Travaillez progressivement 10 minutes, puis un quart d'heure, puis 20 minutes… Petit à petit, mais tous les jours.

L'apprentissage de la propreté

C'est de la régularité des sorties, et de leur à-propos, que dépend l'acquisition de la propreté.

> **L'APPRENTISSAGE DE LA PROPRETÉ**

• Les bonnes habitudes

À 2 mois, un chiot ne peut être tout à fait propre. Vous pouvez installer des journaux chez vous, il aura tendance à se soulager dessus. Mais je trouve que cette méthode présente beaucoup d'inconvénients. Il est préférable, je crois, de profiter de la transition qui s'opère avec le départ de l'élevage pour poser les bases de la régulation des besoins. Dans un premier temps, votre chiot doit pouvoir se soulager toutes les deux heures. Puis vous devrez le sortir quatre fois par jour, au minimum, et à des heures aussi régulières que possible. La première sortie est celle du réveil : dès votre lever, sortez votre chiot à l'endroit où vous souhaitez qu'il se soulage. Les chiens étant des animaux très réguliers, il suffit de les emmener dehors, toujours au même endroit, pour que, par association de sensations, jouent les réflexes conditionnés. La dernière sortie sera la plus tardive possible, juste avant de vous coucher. Pour l'aider dans cet apprentissage, donnez le dernier repas en début de soirée (vers 18 heures), retirez ensuite eau et nourriture. Les autres sorties se feront juste après les repas.

• La technique

La meilleure technique d'apprentissage est de féliciter abondamment votre chiot chaque fois qu'il adopte le bon comportement : il a besoin de se soulager dans les 10 minutes qui suivent l'ingestion d'un repas, aussi, accompagnez-le dans le jardin, ou à l'endroit choisi, et attendez. Dès qu'il a fini, caressez-le de la voix et du geste, soyez réellement admiratif : « tu es meeerveeeeilleux, bôôôn chien ». Ne le punissez jamais s'il s'oublie dans la maison, cela risque de compromettre la confiance qui s'est établie entre vous. Toutefois, sachez que le chiot aura tendance à revenir se soulager à l'endroit où il s'est précédemment oublié.

La cohabitation en ville

En ville, les chiens bien élevés se soulagent dans les caniveaux, à l'exclusion de ceux des passages pour piéton. Et les mâles évitent d'arroser les carrosseries et les roues des voitures en stationnement (ce dont ils raffolent !). Il peut toujours arriver qu'un chien pressé ou vieillissant ne puisse atteindre le caniveau ou l'aire réservée, le maître remédiera alors à cela, en ramassant les excréments laissés par son compagnon ; on trouve des pochettes spécialement étudiées pour cet usage. Et il reste toujours le bon vieux papier essuie-tout. À nous de faire preuve de civisme ; rien n'est plus désagréable que de marcher dans ce qui, paraît-il, porte chance ! Et il y a aujourd'hui trop de gens

Que faire lorsqu'un chien s'oublie dans l'appartement ?

Il est parfaitement inutile de lui « mettre le nez dedans ». Pousser des hurlements, ou le frapper, est tout aussi absurde. Le gronder devrait suffire, à condition qu'il comprenne : la sanction doit être concomitante à l'action. Conduisez-le dehors et ramassez les dégâts, sans qu'il vous voie : il pourrait, en effet, penser que son comportement vous amène à lui prodiguer un intérêt particulier. Mais, en cette matière, rien n'est jamais définitif. Si vous ne respectez pas la fréquence des sorties, ou les horaires, vous devrez vous attendre à des accidents.

prêts à dénigrer les chiens et leurs maîtres, pour que les amis des chiens leur prêtent le flanc en polluant les villes ; il nous faut tenter de cohabiter dans les meilleures conditions.

La laisse

> L'apprentissage

Les premières sorties doivent être très courtes et gaies. Il faut motiver le chiot, l'attirer avec des friandises et des claquements de langues. Si le chiot se bloque, freine des quatre pattes, ce qui arrive fréquemment dès qu'on tente de lui imposer une direction, ne résistez pas à l'autre bout de la laisse ; il vaut mieux agiter un jouet ou une friandise, cela lui donnera envie de redémarrer. Certains chiots, lorsqu'ils se sentent maintenus, cabriolent telles des chèvres : de la voix, il faut les inciter à se calmer, sans tirer sur la laisse. Mais généralement, la marche en laisse ne pose aucun problème, et votre petit jack vous donnera à penser qu'il a fait cela toute sa vie.

> Un accessoire indispensable

La marche en laisse est en élément indispensable du dressage de votre chien ; en effet, il est inconscient de se balader dans les rues de nos villes avec un chien détaché. Votre jack peut être un compagnon calme et très bien dressé, et un jour fatal, réagir au chat ou au pigeon qui le nargue sur l'autre trottoir depuis des mois, ou à la « Belle » de la voisine, dont il est amoureux, et qui dégage les délicieux effluves d'une chienne en chaleur. Et, catastrophe, voilà votre vieux copain qui traverse au mépris de la circulation ! La marche en laisse ne doit pas non plus être un gymkhana pour vous ; votre jack doit marcher tranquillement, sans tirer. Et, si vous voulez le présenter en exposition, et y faire bonne figure, apprenez-lui de suite à se placer à votre gauche. Pour arriver à ce résultat, dès que le chiot a pris confiance en lui et qu'il supporte la laisse avec plaisir, tout à la joie de la promenade, soyez ferme. Ne le laissez pas prendre appui sur la laisse, et lorsqu'il tire, donnez un coup sec en arrière. Quand il marche correctement, à votre hauteur et sans tirer, félicitez-le de la voix.

Le rappel

> La « petite enfance »

Votre jack doit toujours revenir à votre appel. Au début de ce dressage, vous pouvez vous accroupir à la minute même où vous appelez votre chien. Une petite friandise donnée lorsqu'il a répondu à l'appel est fort utile. Certains éleveurs pratiquent une primoéducation des chiots, lors de la phase de sevrage, en associant le « viens » avec l'arrivée de la pâtée. Cela se révèle bénéfique pour le reste de la vie du chien ; ce qui est acquis par le chien durant les premières semaines de son existence restera profondément ancré. En général, durant la petite enfance de votre russell, le rappel ne pose aucun problème : il a envie de vous faire

Le rappel : à ne pas faire

Surtout, ne lui courez pas après. Et ne le frappez jamais, lorsqu'enfin il se décide à revenir, même si vous êtes exaspéré.

plaisir, et revient en frétillant de la queue et du croupion ! Vous devez renforcer ce comportement en le félicitant chaleureusement : « qu'il est beau, bon chien… ». Vous pouvez lui apprendre à être attentif, lors des promenades, en vous cachant, et en le laissant vous chercher quelques secondes. Mais, il ne faut pas abuser de ce type de mise en situation.

> L'« âge bête »

Tout se complique à l'âge bête ; en effet, les chiens passent également par une période difficile, correspondant chez nous à l'adolescence, période durant laquelle ils remettent en cause toute autorité, et cherchent à tester vos limites. Pour le russell terrier, cette période se situe, en général, aux environs des septième et huitième mois. À ce moment, votre chien, lorsque vous l'appellerez, vous regardera avant de continuer son chemin, sans se préoccuper de vos ordres. Cela vous soulagerait certainement de le frapper à son retour, mais dans la tête de votre compagnon, l'association « je reviens, je suis frappé » serait acquise, et vous perdriez une grande part de sa confiance. Aussi, procédez de la manière suivante : dans les mois qui vont suivre, ne lâchez votre russell que dans des endroits vastes, sans voitures, ni dangers exagérés (les plages sont idéales). Vous l'appellerez, et s'il ne vous rejoint pas, vous partirez dans le sens opposé, tout en continuant de l'appeler d'un ton net et tranquille. Affolé, son réflexe est alors de vous rejoindre. Il ne vous reste plus qu'à le féliciter, ce qui renforce son bon comportement. Parallèle-

Of the Hunters Pride.

ment, vous procéderez à la mise en scène suivante : lors d'une sortie, vous le lâchez, il s'éloigne quelque peu, sans prêter attention à vos ordres. Vous vous cachez (un tronc d'arbre fait ici parfaitement l'affaire), vous l'appelez, il n'obéit pas. Vous réitérez votre ordre et en même temps, mais sans qu'il puisse vous voir faire, vous essayez de le toucher, sur les fesses par exemple, avec une motte de terre, un bout de bois ou tout autre projectile : dans sa tête de chien, il va faire l'association suivante : « Mon maître est tout-puissant, même loin de moi, il peut encore avoir une emprise sur moi… Je dois lui obéir ! »

> Les « fortes têtes »

Un chien particulièrement indépendant, ou fugueur, peut résister à toutes vos tentatives d'éducation, n'hésitez alors jamais à recourir à un éducateur canin, qui vous conseillera et vous aidera à progresser dans la conduite de votre compagnon. Être guidé par un professionnel permet souvent une meilleure approche des problèmes.

L'appartement, la vie en ville

> Son confort

Si comme vous votre petit jack apprécie les canapés et les fauteuils, n'oubliez jamais que votre chiot, si petit et si mignon, va grandir et prendre du caractère… Si vous laissez votre chiot grimper sur le canapé du salon, ou dans votre lit, il se sentira par la suite autorisé à s'y installer, même lorsqu'il sera crotté. Et un jour ou l'autre, il découvrira que lorsqu'on creuse à cet endroit (le russell est un terrier !), c'est terriblement amusant de faire voler les morceaux de mousse ou la plume. Sachez donc, en bon chef de meute, circonscrire son territoire. Mais en contrepartie, veillez à lui laisser un espace réservé, un panier dans la cuisine, un chenil confortable, où il puisse se retirer.

> Les aboiements

Certains chiens ont la fâcheuse habitude d'aboyer au moindre bruit. En ville, ce type de comportement peut vous amener à vous fâcher avec tous vos voisins. Aussi votre russell doit apprendre à ne pas aboyer à tout propos. La sélection du jack en a fait un chien qui aboie à bon escient : en effet, que dirait le chasseur d'un chien qui aboierait à tort et à travers, même dans un terrier vide ! À vous de lui faire comprendre ce qui est permis, et ce qui ne l'est pas. Commencez dès son plus jeune âge en lui disant « non » d'une voix ferme et grave quand il se manifeste par des aboiements intempestifs.

La cohabitation avec d'autres animaux familiers

> Favoriser les rencontres

À condition d'en avoir pris l'habitude dès son plus jeune âge, le russell aime jouer avec ses congénères. Aussi, n'hésitez pas à lâcher votre chiot et à lui laisser rencontrer d'autres chiens : c'est indispensable à son équilibre. Bien sûr, tant qu'il n'est pas intégralement vacciné, vous prendrez soin de ne pas lui laisser fréquenter des chiens manifestement malades.

> Le droit d'aînesse

Si vous avez déjà un chien, ne modifiez pas vos attitudes ni vos habitudes à l'arrivée de votre petit jack ; le premier chien en serait perturbé. Dans un premier temps, vous devez accorder la préférence en termes de caresses, intérêt, nourriture… au plus ancien des deux chiens. Évitez de distribuer des os, ainsi que les jeux de balle et de traction, et tout se passera pour le mieux.

> Les chats

Un jack peut fort bien cohabiter avec des chats. Mais les modes de communication de ces deux espèces sont différents : par exemple, le chat dont la queue se balance manifeste son agressivité, alors que le chien montre par là son envie de jouer… Aussi ne faut-il pas précipiter les choses. Surveillez vos ouailles du coin de l'œil, et prenez soin que le chat puisse se déplacer dans la maison à l'abri du chien. En général, après une période d'observation, ils finiront par s'accepter. J'ai même connu une femelle

jack qui a fait office de maman pour un petit chat abandonné.

> L'agressivité du chien en laisse

À l'extérieur, certains chiens, lorsqu'ils sont tenus en laisse, ont des comportements agressifs envers leurs congénères. C'est un phénomène bien connu des propriétaires expérimentés, mais les néophytes ont tendance à vouloir protéger leur chien et à tout faire à l'envers. En effet, si votre jack manifeste ce comportement agressif, le fait de raccourcir la laisse ne fait qu'empirer la situation : en tirant le chien en arrière, vous renforcez sa volonté d'agression.

Ce qu'il faut faire, c'est lui détourner la tête afin qu'il ne puisse rencontrer le regard de l'autre chien, et passer votre chemin. Bien souvent, si vous avez laissé votre chiot rencontrer ses congénères librement, cette tendance agressive disparaît lorsque le chien est détaché.

Le jack en voyage

> Toujours prêt !

Toujours enclin à de nouvelles aventures, votre petit russell n'est jamais plus heureux que lorsqu'il vous accompagne. Lors des premiers déplacements, certains chiots sont victimes de nausées. Demandez à votre vétérinaire un antinauséeux, aérez, et adoptez une conduite de « bon père de famille ». Pour accoutumer votre chiot à voyager, le mieux est d'emprunter la voiture pour quelques très courts trajets, préludes à promenade et à rencontres avec d'autres chiens. Ainsi, il associera voiture et plaisir. Si vous devez voyager longtemps, faites une bonne promenade avec votre jack avant le départ : il supportera mieux la distance s'il s'est dépensé au préalable. Avant d'ouvrir la portière pour le faire descendre, mettez toujours votre chien en laisse... Un accident est trop vite arrivé.

Son propre « bagage »

Pour la voiture, un vari kennel ou une cage de transport confortable est bien pratique : votre chien s'y sent bien, et vous évitez de tapisser votre habitacle de terre après les grandes ballades.

> Attention !

Ne laissez jamais votre jack seul dans la voiture. Tout d'abord, vous risquez de vous le faire voler. D'autre part, le chien contrôle mal sa température corporelle : par temps chaud, même à l'ombre et avec une vitre entrouverte, il risque un coup de chaleur. Par temps froid, ne laissez pas votre chien dans une voiture dont le chauffage fonctionne.

Le jardin

Qu'il soit jack ou parson, le russell est un terrier, c'est-à-dire un chien qui prend un vrai plaisir à fouiner la terre et à chasser d'hypothétiques taupes... Les amateurs de gazon anglais auront intérêt à ne pas le laisser au jardin sans surveillance, du moins dans sa première année. Il faut lui faire comprendre que ce qui est permis en forêt ou sur la plage est interdit chez vous.

Si vous le surprenez en pleine action, tancez-le d'un « non » ferme, et félicitez-le quand il vous accompagne gentiment. Mais, surtout, ne lui donnez pas une délicieuse rotule de veau dans le jardin. En effet, il n'aurait alors qu'une idée en tête : l'enfouir et donc creuser ! En réalité, il est très possible d'avoir à la fois un jack et un jardin agréable, à condition de ne pas y reléguer le chien. Car, abandonné à lui-même, votre jack s'amusera comme bon lui semble : chasser les taupes, déterrer les boutures, creuser de magnifiques trous et autres batifolages...

La santé du russell terrier

Plutôt que de maladies propres à la race, il faudrait parler de maladies liées aux chiens de petite taille. En effet, le russell terrier est une race rustique, peu sujette aux maladies spécifiques.

Administrer un médicament

> Un comprimé

Pour administrer un comprimé, cachez-le dans un morceau de Vache qui rit, de camembert, ou de tout autre aliment appétent, mou et odorant. Dans un premier temps, vous en donnez un morceau, vierge de tout médicament, puis vous renouvelez l'opération avec le morceau « piégé » ! Il est rare que cela ne marche pas. D'autant plus si vous avez plusieurs chiens : l'esprit de compétition les poussant à avaler goulûment ce que vous présentez. Sinon, il vous faudra déposer le cachet au fond de la gueule ouverte de votre jack, la refermer, et lui masser légèrement la gorge d'avant en arrière, afin de provoquer un réflexe de déglutition.

> Un liquide

Pour administrer un liquide, aspirez-le dans une seringue débarrassée de son aiguille. Vous en glisserez l'extrémité dans la commissure des lèvres, en maintenant les mâchoires du chien fermées, pour éviter qu'il ne le recrache.

> L'injection sous-cutanée

En cas de traitement nécessitant des injections sous-cutanées régulières, demandez à votre vétérinaire de vous montrer comment procéder. Courage, ce n'est pas difficile ! Et vous pouvez vous entraîner en faisant vos premières piqûres dans un morceau de rumsteck ou une orange…

Les vaccinations

> Les primovaccinations

Vers 8 semaines, votre petit jack russell a reçu ses premières vaccinations dans son élevage d'origine. Un éleveur sérieux répugne à vacciner ses chiots plus tôt ; en effet, des anticorps maternels subsistent dans l'organisme des chiots et s'opposent à l'efficacité des vaccins pratiqués. Ainsi, chaque chiot passe par une période critique pendant laquelle il n'est plus protégé (les anticorps maternels diminuant progressivement), et il n'est pas encore vaccinable.

> Les vaccins

En règle générale, le chiot de 8 semaines est vacciné contre la maladie de Carré, l'hépatite de Rubarth et la parvovirose. À 12 semaines, vous ramènerez votre jack chez le vétérinaire, qui pratiquera les rappels pour ces trois maladies, et fera la première injection contre la leptospirose (vivement conseillée pour nos

Nouveau

Il existe aujourd'hui un vaccin contre une maladie qui peut être mortelle, la piroplasmose : cette affection entraîne la destruction des globules rouges du sang par un parasite unicellulaire transmis lors des morsures de tiques.

Carry on Caitlin of Jack's Paradise.

terriers). Trois à quatre semaines plus tard, il vous faudra retourner chez votre vétérinaire qui fera le rappel de leptospirose et pratiquera le vaccin contre la rage. Ce dernier vaccin ne sera valable qu'un an. Un chiot ne peut donc être totalement vacciné avant l'âge de 4 mois.

> Les rappels

Soyez attentif aux rappels de vaccination : il s'agit souvent de maladies mortelles ou laissant des séquelles gravement handicapantes. De plus, certaines sont transmissibles à l'homme. Certains rappels sont annuels, d'autre bisannuels. La vaccination contre la rage est à refaire tous les ans pour être légalement valable.

Les vermifugations

Tout au long de sa vie, et en fonction de son état et de ses activités, votre russell devra être vermifugé, afin de le protéger contre les vers parasitaires, dont certains peuvent occasionner des troubles importants.

Petit calendrier des vermifugations

Chez le chiot

Non sevré : tous les quinze jours à partir de 2 semaines.

Sevré : tous les mois jusqu'à 9 mois.

Chez le chien adulte

Traiter au moins deux fois par an :

– au printemps et à l'automne par exemple ;

– au moment des chaleurs chez la chienne.

Chez la chienne reproductrice

Traiter :

– 15 jours avant la saillie.

– 15 jours avant la mise bas.

– 15 jours après la mise bas.

– 5 semaines après la mise bas.

Quand votre jack vieillit

> Sa longévité

En général, les petites races vivent plus longtemps que les races géantes. Le russell, comme tous les terriers, est une race résistante, qui vit en moyenne une quinzaine d'années.

> Respectez son grand âge

Mais, jeunes maîtres, n'oubliez pas de tenir compte du vieillissement de votre chien quand vous le sollicitez physiquement… Sachez doser vos exigences, et ne demandez pas à un chien de 6 ans qui n'est pas régulièrement entraîné de fournir un effort trop important, comme une grande et longue ballade sur une plage, avec de multiples courses folles. Sa bonne volonté et son « sang » (faculté de mobiliser des influx nerveux), pourraient lui faire dépasser ses limites physiques.

> Soyez vigilant

Au fur et à mesure que votre chien vieillit, il est important de savoir l'observer. Il convient de s'inquiéter, et de montrer à votre vétérinaire votre bon vieux russell, s'il perd anormalement du poids, manque d'appétit, est essoufflé, boite, urine et boit plus que d'habitude… Il aura peut-être besoin d'une alimentation restreinte en protéines : elle l'aidera à lutter contre les surcharges pondérales. En effet, les vieux chiens dont l'activité diminue ont tendance à devenir obèses. Cette alimentation allégée permettra aussi de soulager ses reins, qui sont des organes particulièrement fragiles. Très fréquemment, les chiens de plus de 8 ans présentent des lésions rénales plus ou moins importantes.

> L'insuffisance rénale

L'insuffisance rénale progressera lentement, et apparaîtra lorsque 75 % du parenchyme rénal sera détruit. Le premier signe qui puisse vous alerter est ce que les vétérinaires nomment polyurodipsie : votre chien boit anormalement et urine beaucoup. Prenez alors rapidement rendez-vous chez votre vétérinaire afin de faire un bilan.

> L'hygiène buccale

Chez le vieux chien, l'hygiène buccale est très importante : l'accumulation de tartre donne mauvaise haleine, entraîne des maladies parodontales (qui peuvent à terme entraîner la chute de dents), et prédispose aux maladies rénales et cardiaques. Un brossage régulier, avec une pâte dentifrice spécifique, ainsi qu'un détartrage dès que le tartre s'accumule sont conseillés. Tout au long de la vie de votre russell, la distribution régulière (une fois par semaine) d'une rotule de veau aide à lutter contre la formation de tartre. Mais si vous avez plusieurs chiens, aussi gentils soient-ils, séparez-les lors de cette distribution.

Les maladies

> La dysplasie folliculaire

« Cette maladie, très peu courante, se traduit par des pertes de poils sur les zones pigmentées de noir ; elle est aussi appelée alopécie des robes diluées. Cette affection a des conséquences principalement esthétiques, et est vraisemblablement héréditaire, avec une transmission suivant le mode autosomique dominant : un seul des deux parents porteur suffit à transmettre la maladie. Aujourd'hui, ce phénomène rare a été

Pour bien vivre avec votre russell lorsqu'il vieillit

– Donnez une alimentation de qualité.
– Évitez les stress. Adoptez une routine pour l'alimentation et les sorties.
– Qu'il fasse de petits exercices physiques, de faible intensité, mais régulièrement. Évitez les longues promenades.
– Brossez régulièrement votre chien. Cela vous permettra de détecter la moindre anomalie : une éventuelle petite tumeur est aisée à enlever lorsqu'elle n'a pas encore grossi.
– Brossez les dents de votre chien au moins une fois par semaine, ou distribuez une rotule de veau. Ne laissez pas s'accumuler le tartre dentaire.
– Allez deux fois par an chez votre vétérinaire. N'hésitez pas à demander un bilan de santé.
– Faites les rappels de vaccination très scrupuleusement, le vieux chien est fragile.
– Faites stériliser votre chienne, vous éviterez ainsi les risques d'infection de l'utérus.

observé chez un jeune jack russell tricolore. » (*Black hair follicular dysplasia in a tricolour jack russell terrier.* Knottenblet, 1996).

> L'ataxie cérébelleuse

« Récemment, cinq jack russell, issus d'une même lignée américaine, ont présenté des tremblements et des troubles de l'équilibre. Par la suite, une hyper-rigidité des membres s'est développée. Puis les chiens ont eu de plus en plus de difficultés à se déplacer. Ils ont dû être euthanasiés, et l'autopsie a révélé des lésions nerveuses, principalement au niveau du cervelet. Cette ataxie cérébelleuse est différente de ce qu'on connaissait auparavant dans d'autres races. Le mode de transmission est inconnu. » (*Preliminary characterisation of a cerebellar ataxia in jack russell terriers.* Coates, 1996). On soupçonne désormais, à l'aune de toutes récentes études, qu'il s'agit d'un mode de transmission du type autosomique récessif.

> L'eczéma labial

Les babines de votre jack deviennent rouges et les poils du museau virent au brun. Votre animal dégage une odeur franchement désagréable. Il faut alors nettoyer très scrupuleusement les parties malades, chaque jour, avec un savon antiseptique.

> La luxation du cristallin

• La luxation par traumatisme

Par sa petite taille, le jack russell, lorsqu'il broussaille, est plus particulièrement exposé aux chocs dans la région oculaire. Il peut arriver que des chocs répétés entraînent une rupture des ligaments qui maintiennent le cristallin en place. Celui-ci tombe alors dans la chambre arrière. Un glaucome apparaît, l'œil est rouge et gonflé. On peut apercevoir un croissant de lune dans l'iris. Il est alors nécessaire de recourir à la chirurgie et de retirer le cristallin.

• La faiblesse d'origine héréditaire

Dans un autre registre, on peut dire avec H. Laforge et C. Chaudieu qu'« il existe par ailleurs une faiblesse de certaines lignées face à la luxation primaire héréditaire du cristallin : celle-ci est alors pratiquement toujours bilatérale, d'apparition différenciée sur le deuxième œil… L'affection se manifeste sans prédisposition de sexe sur des animaux adultes (entre 3 et 8 ans). » (Laforge H. et Chaudieu G., *Particularités de l'ophtalmologie chez les carnivores domestiques.* Éditions scientifiques et médicales Elsevier.

> L'ulcère de la cornée

À l'occasion d'une promenade dans les broussailles et les ronciers, votre chien peut se griffer la cornée. Au retour, vous vous apercevez qu'il se frotte l'œil, que sa paupière clignote et qu'il présente des tics et des écoulements. N'attendez pas pour l'emmener chez le vétérinaire, car votre chien souffre. Il est urgent de mettre une thérapeutique en place.

> La luxation de la rotule

Certains chiens présentent parfois une gêne d'un postérieur, avec le genou bloqué en flexion, ou cas plus grave, le chien marche avec les postérieurs toujours fléchis. Il s'agit des symptômes courants de la luxation de la rotule. Lorsque le problème se pose de façon épisodique, la rotule se remet en place d'elle-même, ou vous pouvez la remettre en place, en poussant sur le côté opposé à la luxation, tout en maintenant le membre en extension. Si le problème est constant, le recours à la chirurgie s'avère nécessaire. Votre vétérinaire va tenter de retendre la capsule articulaire, du côté opposé à la luxation. En ouvrant la capsule articulaire, il vérifiera et rectifiera, si nécessaire, la gorge fémorale. Cela permettra à l'animal de bénéficier d'une meilleure qualité de vie.

> La maladie de Legg-Perthes-Calvé

Appelée aussi nécrose aseptique de la tête fémorale, cette maladie se révèle en fin de croissance (7-12 mois), souvent à la suite d'un choc. Elle est le plus souvent unilatérale. Elle est due à un défaut de vascularisation de la tête du col du fémur. Le cartilage se déforme, après modification de la tête fémorale. Le chien souffre et boite de plus en plus. Il ne prend plus appui sur le membre malade, qui s'atrophie. L'opération consiste en l'ablation de la tête et du col du fémur. Une néoarticulation se forme. Le chien ne souffre plus et retrouve une démarche presque normale. Il faut s'interdire de faire reproduire des chiens atteints de cette maladie à composante héréditaire.

L'alimentation du russell

Bien que certains propriétaires aiment passer du temps à cuisiner la ration de leur chien, j'ai tendance à croire qu'une alimentation industrielle de qualité vaut mieux que la meilleure des rations ménagères, et que le temps ainsi économisé pourra être utilement employé à aller se promener avec son chien. Il est plus pratique, plus sûr et plus économique d'utiliser des croquettes spécialement étudiées pour les différentes phases du développement de votre russell : croissance, maintenance, chien au travail, vieux chien… Il ne faut pas ajouter de compléments minéraux aux aliments industriels. Faites attention aux dates de validité, certaines vitamines sont fragiles.

Une alimentation de qualité

Qu'elle soit industrielle ou de type traditionnel, l'alimentation de votre jack doit être une alimentation de qualité : on ne nourrit pas son chien de restes de table, ni d'aliments à bas prix achetés en grande surface. D'autant que le jack a plutôt tendance à « picorer ».

L'ENTRETIEN DU RUSSELL TERRIER

Sans même parler de préparation aux expositions de beauté, le chien de la maison a besoin de soins réguliers : quoi de plus désagréable qu'un chien sale et malodorant. De plus, l'entretien régulier de votre compagnon vous permet de contrôler son état physique. Eczéma, rougeurs de la peau, parasites externes, conjonctivite ou otite repérés seront plus faciles à traiter.

Le pansage

> La fréquence

Le pansage consiste à brosser votre jack sur tout le corps, c'est la véritable toilette du chien. Idéalement, il devrait être quotidien. Pourtant, mieux vaut un brossage hebdomadaire approfondi et attentif qu'un brossage journalier fait dans la hâte ; il s'agit, en effet, d'un moment privilégié avec votre chien. Il doit être efficace, mais ne doit pas irriter la peau de votre chien.

Il a pour buts : de faciliter les sécrétions de la peau, d'accroître la circulation sanguine et l'activité des follicules pileux, d'éliminer les poils morts et de vous permettre de vérifier l'état de la peau (parasites, épillets, croûtes, squames...).

> Les ustensiles

Une brosse à épingles métalliques montées sur un coussinet de caoutchouc est idéale pour les chiens à poil dur. Un gant en caoutchouc spécial la remplace avantageusement pour les « poils lisses ».

Les couteaux à épiler sont des instruments indispensables pour le toilettage des terriers. Mais, en dépit de leur nom, ils ne servent jamais à couper le poil. Ils aident simplement à sa préhension lors de l'arrachage. Aujourd'hui, on trouve des outils d'un maniement aisé même pour le débutant. Les ciseaux à désépaissir sont utiles pour harmoniser l'ensemble. Une paire de ciseaux droits est toujours utile pour couper, par exemple, les poils surabondants entre les coussinets. Le coupe-ongles est peu onéreux et bien pratique.

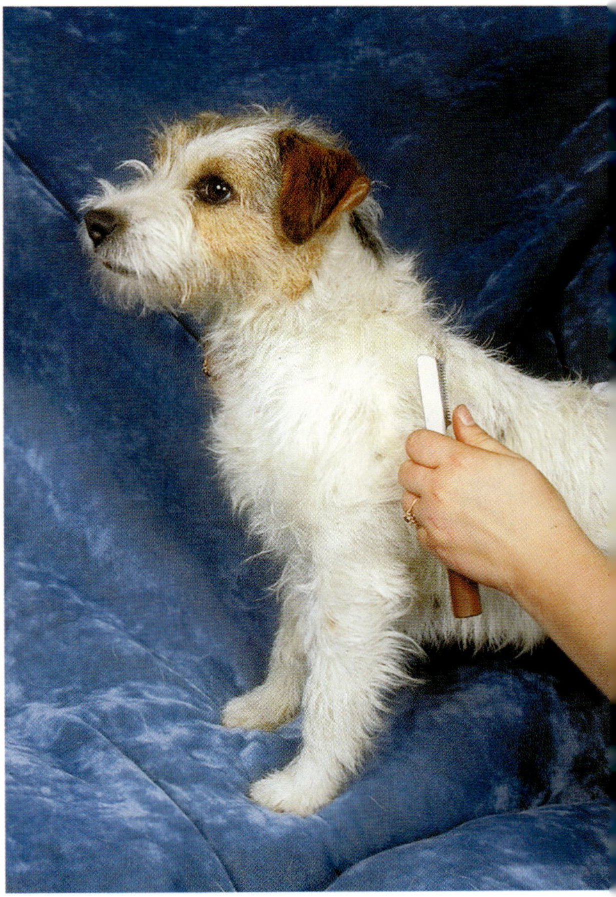

> L'apprentissage

Dès son plus jeune âge, vous devez lui apprendre à rester immobile sur la table lorsque vous le soignez. Cela vous permettra de vous affirmer comme le dominant. Pour cet apprentissage (comme pour tous les autres), procédez petit à petit. En effet, la capacité de concentration d'un chiot est faible (quelques minutes au maximum au début). Toilettez votre chien à hauteur, ce qui est bien plus pratique, et vous permettra de bien voir ce que vous faites.

> La technique

Passez la brosse métallique à rebrousse-poil, puis dans le sens du poil. Attention, n'insistez pas trop sur la barbiche et les sourcils, qui ne poussent que très lentement (si vous confiez votre jack à un toiletteur, demandez-lui de ne pas épiler ces zones). Puis prenez votre couteau à épiler, et passez-le comme un peigne sur le tronc. Grâce à cette opération, vous éliminerez le sous-poil superflu, qui soulève le poil de couverture et cache les formes de votre chien. Le pelage éclairci, votre terrier sera impeccable, son poil même long adhérera au corps. Pour effectuer cette opération, votre main libre doit se trouver au-dessus de la zone que vous travaillez, et elle doit vous servir à bien tendre la peau. Pensez à regarder les ongles, et à les couper s'ils sont trop longs.

Les ustensiles nécessaires

– Un couteau à épiler universel ou un peigne multilames.

– Une brosse à tiges métalliques sur base caoutchouc.

– Une paire de ciseaux droits (avec bouts en spatule).

– Du carbonate de calcium et/ou de la maïzena.

– Une paire de ciseaux à désépaissir.

– Une pince pour couper les ongles.

Mayo Land.

La coupe des ongles

Quel que soit le mode de vie de votre chien, il vous faudra couper l'ongle des ergots, qui est inusable. Attention à ne pas couper trop court, et à ne pas faire saigner votre chien qui en garderait, pendant longtemps, un souvenir très désagréable. Vous prendrez repère sur un ongle blanc. Sachez que moins la coupe des ongles est fréquente, plus la pulpe pousse et devient longue. Vous pouvez demander à votre vétérinaire de procéder à la coupe des ongles lors d'une visite.

L'épilation

Le russell, jack ou parson, qu'il soit à poil lisse ou à poil dur, est un terrier à poil rêche. Ce type de chien a un pelage double qui nécessite une épilation, appelée aussi stripping, trois ou quatre fois par an. Vous pouvez ne faire que deux épilations par an, à condition de vous occuper avec beaucoup de soins du pelage de votre compagnon tout au long de l'année. Il est vrai que certains chiens à poil très lisse, malheureusement dépourvus de sous-poil, ne demandent aucune épilation : mais ils perdront leurs poils tout au long de l'année, et il faut très régulièrement les panser avec un gant spécial en caoutchouc.

Ne pas épiler...

Il ne faut jamais épiler un chien que vous venez de laver : en effet, le bain ramollit le poil et le rend difficile à travailler. Il vous faudra attendre une semaine avant de pouvoir procéder à l'épilation dans les meilleures conditions.

Bien entendu, si vous êtes chasseur, il ne faut pas épiler votre jack durant la période de chasse : le poil rude de votre chien va le protéger des ronces et des broussailles.

Le bain : à retenir

Vous pouvez laver votre chien en bonne santé autant que vous le voulez, à condition d'utiliser un shampooing spécifique.

Utilisez de l'eau tiède.

Évitez les zones sensibles : bouche, yeux, oreilles.

Rincez très soigneusement.

Séchez à fond.

Toute intolérance à un shampooing justifie son arrêt immédiat.

Les « trucs »

Vous trouverez chez votre pharmacien du carbonate de calcium. Il s'agit de craie en poudre. De la maïzena peut également convenir. On l'utilise comme un shampooing sec : il faut alors en saupoudrer entièrement votre jack, bien faire pénétrer à la main à rebrousse-poil, et finir en brossant vigoureusement pour tout éliminer. Vous verrez que la poudre en retombant entraînera toutes les saletés. Avant une épilation, passez un peu de craie sur le poil, vous aurez ainsi plus de facilité pour l'épiler. En la mélangeant à de la poudre insecticide, vous alliez à un soin du corps un traitement efficace contre les parasites externes (puces et tiques).

Le bain

> La fréquence

Faut-il ou non laver votre jack ? En théorie, non. Laver son chien trop souvent peut être désastreux pour le poil, qui perd ses huiles essentielles, devient mou et sans tenue. Pourtant, un chien vivant en ville est à la hauteur de toutes les poussières et pollutions automobiles.

Aussi doit-il être plus souvent lavé qu'un chien vivant à la campagne.

> Le shampooing

L'essentiel est d'utiliser un shampooing spécifique que vous trouverez chez votre vétérinaire, dans les magasins spécialisés ou sur les stands d'expositions. En effet, la peau du chien est différente de celle de l'homme : elle est plus fine, son pH est plus basique. Les shampooings humains, même réputés « doux » sont à proscrire, car trop agressifs et trop acides.

> La technique

Si vous lavez votre chien dans votre baignoire, disposez au fond un tapis antidérapant. Utilisez de l'eau tiède et un bon shampooing d'entretien, alcalin ou neutre. Mouillez votre jack, en évitant de lui envoyer de l'eau ou du shampooing dans les narines, les yeux ou les oreilles. Frottez-le entièrement en faisant mousser le produit. Le rinçage doit être soigneux, prolongé et réalisé sur l'ensemble du pelage. Le séchage est une phase importante de l'opération : on peut entourer son chien dans une serviette éponge et le frictionner énergiquement à rebrousse-poil.

Juguler les odeurs fortes

Si vous ne devez donner que rarement un bain à votre chien, vous pouvez cependant juguler certaines odeurs fortes en lui lavant plus fréquemment :

– les pieds, qui sont souvent responsables d'odeurs désagréables ;

– la zone périanale ;

– la touffe de poil au bout du pénis, l'urine des mâles étant particulièrement malodorante.

Dans tous les cas, évitez les shampooings secs qui ne lavent pas et ont tendance à coller les poils et les impuretés. Préférez le carbonate de calcium.

Trois champions de l'élevage Suzan's Pride.

Ostine de Vire-Loup.

Les papiers du russell terrier

Les étapes de la vie de votre russell sont sanctionnées par des documents officiels. Il a ainsi ses propres papiers.

La carte d'immatriculation

> L'identification par tatouage ou transpondeur

L'obligation d'identification est aujourd'hui légalement étendue à tous les chiens, qu'ils restent à l'élevage ou qu'ils soient donnés, vendus ou adoptés. C'est à celui qui donne ou qui vend le chien qu'incombe l'obligation de faire pratiquer l'identification. Elle peut être faite par tatouage ou par l'implantation sous la peau d'une micropuce. L'éleveur vous remet lors de votre achat la carte de tatouage ou d'identification par transpondeur. Cette carte n'a pas valeur de pedigree.

• Le tatouage

Pour le tatouage, il s'agit aujourd'hui d'une immatriculation comportant un chiffre suivi de trois lettres, elles-mêmes suivies de trois chiffres, qui est tatouée soit dans une oreille, soit sur la face interne d'une cuisse de votre russell.

• Le transpondeur

Lorsqu'il s'agit d'un transpondeur (ou puce électronique), il est implanté dans l'encolure et peut être lu grâce à un lecteur spécifique.

> Son utilité

La carte d'identification précise le nom du chien, sa race, sa date de naissance, ainsi que les nom, adresse et numéro de téléphone de son propriétaire. Si vous perdez votre russell, son numéro d'immatriculation au fichier central facilitera les recherches ; en effet, les vétérinaires, les pompiers, les centres de SPA... disposent d'un accès direct au fichier central. Si vous déménagez, n'oubliez pas de faire changer vos coordonnées auprès du fichier central : c'est une démarche simple et gratuite. Il est important de vérifier régulièrement que le tatouage de votre chien reste lisible et ne s'efface pas.

Le certificat de naissance

> Le papier du chiot de race

Votre russell est un chien de race, et cela est attesté par le certificat de naissance qui établit ses origines : ce document prouve l'inscription du chiot au Livre des origines français. Cette inscription ne concerne que les chiots issus de géniteurs titulaires d'un pedigree. On y trouve le nom et l'adresse de l'éleveur, et les ascendants sur trois générations de votre chien.

Certaines récompenses, les titres de champions et la cotation des géniteurs sont mentionnés sur ce certificat. Suivant l'âge du chiot, l'éleveur vous le remettra lors de l'achat ou vous l'adressera dès que la SCC le lui aura fait parvenir.

> Cas particulier : le registre initial

Il faut préciser que le registre initial étant ouvert pour la race, certains chiots auront un certificat de naissance qui ne mentionnera que les ascendants les plus directs, c'est-à-dire le

Sonic of Mayo Land.

père et la mère… les générations antérieures étant inconnues ou n'ayant pu être reprises sur ce document officiel. Après la confirmation, ces chiens obtiendront un pedigree, mais ne seront pas admis à concourir dans certaines expositions internationales étrangères de prestige. De toute façon, de tels pedigrees ne permettent pas l'homologation des CACIB obtenus – en ce qui concerne les parson russell terriers – dans les épreuves internationales. À l'éleveur qui vous propose un tel chien de vous prévenir avant la vente.

Nota bene : attention également à certaines pratiques « commerciales » qui, sous prétexte que le livre des origines est ouvert, vous proposent un chiot sans papier (c'est-à-dire sans certificat de naissance) : la confirmation dite à titre initial de tels chiens est soumise à une grande rigueur, et l'obtention du qualificatif « Excellent » est indispensable.

Le pedigree

> Le papier de l'adulte

Le pedigree est le « papier » de l'adulte ; en effet, il est obtenu par votre chien âgé de plus de 12 mois, titulaire de son certificat de naissance et présenté, avec succès, à l'examen de confirmation.

> Le cas de la France

Dans le reste du monde, le pedigree est établi à la naissance, aucun examen de confirmation ne vient conforter un constat d'hérédité. La France est le seul pays qui exige que le chien subisse un examen avant de pouvoir l'obtenir. Cette formalité est de plus en plus remise en cause dans le monde de la cynophilie, et n'existera peut-être plus en tant que telle demain.

> La confirmation

Néanmoins, même si vous ne désirez pas faire reproduire votre jack, faites-le confirmer ; vous récompenserez ainsi le travail de votre éleveur qui s'est attaché à produire des chiens de qualité. Actuellement, les chiens de race nés à l'étranger sont également concernés par l'examen de confirmation, si vous désirez les faire reproduire en France.

Attestation de cession ou facture

> La réglementation

La loi du 6 janvier 1999 indique que toute transaction doit s'accompagner au moment de la livraison à l'acquéreur d'une attestation de cession, et d'un document d'information sur les caractéristiques et les besoins de l'animal ; ce document peut au besoin contenir des conseils d'éducation.

> Les renseignements

La vente d'un chiot doit obligatoirement être

formalisée par un contrat écrit et signé de l'acheteur et du vendeur. Il indique notamment la date de vente, la date de livraison, l'identité et l'adresse du vendeur et de l'acheteur, ainsi que la race, le nom du chiot, son numéro de tatouage ou d'identification par transpondeur, son prix et le numéro de dossier de LOF. Généralement, lorsque les chiots ont une dizaine de semaines, leurs certificats de naissance ne sont pas encore édités par la SCC, mais l'éleveur peut vous présenter le talon d'inscription de la portée.

> Une garantie

La facture seule ne peut tenir lieu d'attestation de vente que pour les transactions entre professionnels. Ce certificat de cession est important, car il protège l'acheteur et le vendeur. Il prouve, par exemple, la date de livraison du chien, point de départ de la garantie légale. Il indique également le nom et l'adresse du (ou des) vétérinaire(s) choisi(s) par l'acquéreur et le vendeur, pour assurer le diagnostic en cas de vice rédhibitoire.

> Le cas du vendeur « particulier »

Par ailleurs, lors de la vente, les « particuliers » (c'est-à-dire les éleveurs n'ayant pas de statut officiel parce que produisant au plus deux portées dans l'année) seront tenus de délivrer un certificat de bonne santé établi par un vétérinaire. Pour être valable, celui-ci ne peut être antérieur de plus de huit jours à la vente.

La garantie légale des vices rédhibitoires

> Qu'est-ce que c'est ?

Le vice rédhibitoire annule automatiquement la vente, dès lors que l'acheteur s'en prévaut, et en fait la déclaration dans les délais impartis par la loi. L'acquéreur d'un chien présentant un vice rédhibitoire dispose de trente jours à compter de la prise en charge de l'animal pour engager une action en nullité de la vente, auprès du tribunal d'instance dont dépend son domicile.

Impi à l'élevage des Halliers de la Lierre.

> **La loi**

La loi du 22 juin 1989 retient comme vices rédhibitoires trois maladies et trois défauts (cette liste est limitative).

• Les trois maladies virales

Ce sont :

– la maladie de Carré ;

– l'hépatite contagieuse (maladie de Rubarth) ;

– la parvovirose canine.

Dans le cas des maladies virales, l'action en garantie offerte à l'acheteur ne pourra être exercée que si un diagnostic de suspicion, signé par un vétérinaire, a été établi dans le délai de :

– 8 jours pour la maladie de Carré,

– 6 jours pour l'hépatite contagieuse,

– 5 jours pour la parvovirose canine.

Et ce, à compter de la prise en charge de l'animal. Aussi est-il important de vous rendre rapidement chez votre vétérinaire, afin de faire examiner minutieusement votre nouveau compagnon. Attention ! Si votre chiot tousse, n'attendez pas et emmenez-le immédiatement : en effet, la toux peut être l'un des premiers symptômes d'une maladie de Carré. Et, sans certificat de suspicion établi par votre vétérinaire dans le délai des huit jours, vous n'auriez alors plus de recours en annulation de la vente.

• Les trois défauts

La dysplasie coxofémorale

Elle affecte l'articulation de la hanche et peut entraîner une claudication des postérieurs dans les cas graves. Le jack russell est très peu touché par cette maladie.

L'atrophie rétinienne

C'est une maladie complexe, qui altère partiellement ou complètement l'acuité visuelle du chien, qui peut devenir aveugle.

L'ectopie testiculaire

Elle n'est garantie, légalement, que pour les chiens vendus après l'âge de 6 mois. Cette tare touche les organes reproducteurs des mâles. C'est un motif de non-confirmation, et il est vivement conseillé de faire opérer ces chiens vers l'âge de 2 ans, car les risques de tumeurs sont importants. L'ectopie testiculaire peut prendre deux formes différentes :

– la monorchidie : un seul des testicules est descendu dans le scrotum. Le chien n'est pas stérile, mais pourra être victime de tumeurs apparaissant vers l'âge de 6 ans ;

– la cryptorchidie : les deux testicules sont restés dans la cavité abdominale. Ce mâle est stérile.

Le carnet de vaccination

Il vous est remis par votre éleveur lors de l'achat. Il précise les dates de vaccination et les vaccins utilisés. En général, il s'agit de la maladie de Carré, de l'hépatite de Rubarth et de la parvovirose. Parfois, le vaccin contre la leptospirose y est associé.

Le carnet de travail

C'est le document officiel sur lequel sont inscrits les résultats de votre jack en concours de travail. Il vous faut le demander à la SCC en envoyant la photocopie du certificat de naissance ou du pedigree de votre jack, et la somme de 12 euros (vérifiez auprès de la SCC le tarif en vigueur lors de votre demande). Pour un jack né à l'étranger, il vous faudra joindre, à la photocopie du pedigree, une photocopie de sa carte de tatouage ou d'identification par transpondeur.

Pour aller plus loin

Les expositions et le Russell terrier

Exposer son chien est avant tout un plaisir : plaisir de la préparation, plaisir de la complicité avec votre « cabot » (certains chiens le sont même plus que cela !), plaisir de la compétition.

Devenir exposant

> Un monde de passionnés et d'initiés

Même si certains exposants oublient les valeurs du sport et ne savent plus perdre, vous y rencontrerez également de véritables passionnés et des gens très sympathiques qui deviendront peut-être des amis de toute une vie. Et vous pourrez passer la journée à « parler chien », sans avoir l'impression de lasser votre auditoire… Vous pourrez également observer les champions et leur progéniture, ce qui vous permettra d'apprendre à connaître les pedigrees, les lignées et les meilleurs mariages.

> La présentation

Soyez prêt à vous entendre dire que votre chien n'est pas le meilleur, ou que votre présentation peut s'améliorer. Ne vous découragez pas, écoutez le juge, et apprenez à connaître les défauts de votre jack ; le chien parfait n'existe pas, et tout l'art de la présentation consiste à bien connaître son chien et à réaliser la performance de masquer au juge ses défauts, tout en valorisant ses qualités. N'oubliez jamais que le juge n'a que quelques minutes pour découvrir votre jack, tandis que vous pouvez l'observer 24 heures sur 24. C'est tout l'intérêt de le présenter propre et toiletté à son avantage !

> Vos débuts

Ne participez que sur les conseils de votre éleveur, qui saura guider vos premiers pas vers telle ou telle exposition. Pour une première, la classe débutant, ouverte aux chiens âgés de 9 à 12 mois, est idéale. De même, mieux vaut choisir de faire ses premières armes dans une exposition nationale, proche de son domicile, où la concurrence ne sera pas trop rude.

Choisir son chiot d'exposition

> Se « faire l'œil »

Choisir un chiot qui pourra devenir un véritable chien d'exposition, cela signifie en premier lieu choisir un éleveur sérieux dont les lignées sont sélectionnées. La meilleure solution est d'abord de vous « faire l'œil » en vous rendant aux expositions, en suivant les jugements et en écoutant les commentaires des juges lorsque cela est possible. Si vous pouvez vous rendre au mois de mars à l'exposition de Cruft's, à Birmingham (Angleterre), vous y verrez le meilleur de l'élevage britannique et vous y apprendrez ce que « parson » veut dire !

> Le choix de l'éleveur

Après avoir fréquenté assidûment les abords des rings, adressez-vous à un éleveur dont vous avez repéré les produits, et dont vous aimez le

Georges Simpson, affixe *Houwlbeck.*

Championne 1996, 1997, 1998 à Cruft's : Winnie the Witch of Harditown.

type de chiens. Indiquez-lui de suite que vous désirez faire des concours, et voyez s'il est prêt à vous conseiller et à vous orienter. Ne pensez pas que l'éleveur gardera systématiquement ses meilleurs sujets et qu'il refusera de vous les vendre, c'est faux ! Un éleveur sérieux produit trop de bons chiens pour pouvoir tous les garder, surtout en ce qui concerne les mâles. S'il vous sent motivé, et que le contact passe bien entre vous, il sera ravi de vous vendre un chiot prometteur et de vous aider à débuter en expositions. Ne refusez pas son aide : votre mentor vous évitera bien des écueils.

> Le choix du chiot

• Un chiot déjà fait

Toutefois, personne ne peut prédire ce que deviendra un chiot de 2 mois, quelle sera sa taille adulte et si sa denture sera correcte. Ainsi, un éleveur sérieux vous proposera un chiot de plus de 6 mois, dont la deuxième dentition est sortie, et dont le mouvement, la taille et l'allure générale sont déjà bien visibles. Ces chiots sont souvent issus de géniteurs sélectionnés, déjà champions. Et si l'éleveur a pris la peine de les conserver, ils ne pourront s'acquérir que contre un bon prix. Mais s'engager en exposition, couvrir des kilomètres pour s'y rendre… tout cela est fatigant et dispendieux. Aussi vaut-il mieux mettre toutes les chances de son côté pour concourir avec succès. C'est tellement agréable de gagner !

• Le premier abord

Si, malgré ces conseils, vous préférez acquérir un chiot de 2 ou 3 mois, demandez à voir le père et la mère, il est fort probable que les chiots leur ressembleront. Cherchez également à connaître d'autres chiens aux origines similaires. Éliminez absolument de votre choix tout chiot craintif, et pour le reste, faites confiance à l'éleveur. Un bon chiot doit être harmonieusement proportionné. Préférez un chiot tonique, il sera plus facile à présenter.

• Les points à vérifier

L'expression, le port d'oreilles et les attitudes naturelles sont des points importants. La mimique doit être craquante. L'oreille doit être portée vers l'avant et bien plaquée. L'œil doit être foncé, la truffe bien noire, la mâchoire large. Évitez les chiots au museau pointu, manquant de substance sous les yeux. Parfois, un chiot au crâne légèrement bombé, avec une oreille un peu basse, deviendra un adulte parfaitement typé. Les membres antérieurs doivent être droits, les pieds petits, ne tournant pas vers l'intérieur ni l'extérieur. Recherchez un bon dos, de bonnes angulations arrières avec un jarret près de terre, et préférez un chiot à l'encolure plutôt longue. Le port de queue reste difficile à évaluer, de même que le mouvement.

• Les points non définis

Si vous optez pour un chiot de moins de 6 mois, soyez bien conscient qu'il est impossible de prévoir ce que sera sa denture définitive. Une première dentition parfaite ne garantit en rien la denture de l'adulte. Mais le chiot que vous choisirez ne devra être ni bégu, ni prognathe. Surveillez bien le changement de dentition. Donnez-lui de gros os (rotules de veau) qu'il rognera, ce qui favorisa la chute des dents de lait. De même, en ce qui concerne la taille, ainsi que le type de poil, il est parfois impossible de prédire à 2 mois ce que donnera l'adulte ; certains chiots ont parfois de petits sourcils broussailleux dès 6 semaines, mais pour la plupart, moustache et sourcils ne se développeront pas avant 4 ou 5 mois, et parfois même bien plus tardivement.

L'éducation du futur champion

> La socialisation

Avoir le chiot le plus prometteur ne suffit pas pour espérer gagner en compétition. Encore faut-il qu'il sache se présenter et marcher en laisse. Pour forger un moral de vainqueur à votre future star, emmenez-le, dès son plus jeune âge, dans les endroits les plus variés : sorties des écoles, galeries marchandes, plages, pelouses… Faites-lui découvrir le maximum de nouveautés et entendre toutes sortes de bruits, comme l'aspirateur, la radio, le son du cor de chasse, etc.

> Des rapports de confiance

Ne le surprotégez pas et jouez beaucoup avec lui afin d'établir une complicité. Grondez-le toujours avec modération. Votre futur champion doit se sentir à l'aise en toutes circonstances. Vous devez également lui apprendre à se laisser manipuler, jauger la poitrine, regarder les dents, examiner les testicules : un juge n'apprécie jamais de devoir se battre avec le chien qu'il examine. Si, en plus, il se fait mordre, votre chien risque d'être exclu de la compétition !

> Le goût des voyages

Le futur champion doit aussi apprécier les voyages : si vous vous prenez au jeu, sachez qu'on peut visiter l'Europe en exposant son chien.

> L'apprentissage de la présentation

• En statique

Il faudra également lui apprendre à se présenter en position statique : immobile, expressif, le corps bien compact, la queue dressée. Ce n'est pas une position artificielle, mais bien celle que

Champion australien Huntingclowns Ellie May.

le terrier prend quand il rencontre un autre chien. Certains tiennent naturellement cette position, d'autres devront y être encouragés en faisant appel à leur gourmandise (une croquette juste au-dessus du nez) ou à leur curiosité (un petit pouët-pouët est bien utile !). Très souvent, le juge vous demandera de poser votre chien sur une table afin de l'examiner. Habituez-le donc à tenir la position standard sur une table et sans panique. Ces séances d'apprentissage doivent être brèves (quelques minutes) et se dérouler gentiment ; n'oubliez pas de récompenser votre chiot quand il s'est bien tenu. Ne l'écœurez pas avant de commencer les sorties en exposition, sur le ring vous ne présenteriez alors qu'un chien guindé et sans vie.

• Être remarquable

Votre jack doit avoir de l'expression, l'air intéressé… être remarquable, pour être remarqué par le juge qui départage les concurrents. Ce dernier n'a que quelques minutes à consacrer à chacun, pour le reste, il se base sur une vue d'ensemble. Votre chien doit toujours être visible du juge et toujours présenté au mieux. Observer des présentateurs professionnels ou le concours des jeunes présentateurs dans une exposition internationale importante est une excellente façon de progresser.

• Le mouvement

Votre chiot doit également savoir marcher en laisse. Cela veut dire qu'il doit marcher à vos côtés, sans tirer, la tête et la queue haute. Il doit aller à votre allure, et trotter régulièrement sans renifler par terre toutes les bonnes odeurs ! En effet, le juge apprécie la régularité des aplombs et la qualité du mouvement des concurrents : votre chien doit donc savoir marcher droit et changer de direction sans rupture d'allure. Faites de longues promenades afin de lui apprendre à marcher avec régularité et la tête haute. En général, on utilise une laisse légère, en nylon, pour présenter son chien. Ces

Cruft's 95 : Howlbeck Pacific Diver présenté par G. Simpson et Howlbeck Matuka Mindlen (BOB).

laisses de présentation sont peu coûteuses et peuvent s'acheter dans les magasins spécialisés ou les expositions.

Comment s'inscrire

> Le calendrier des expositions

Des expositions sont organisées toute l'année, partout en France. Pour en connaître le calendrier, adressez-vous à votre éleveur ou à la Société centrale canine, qui vous communiquera les coordonnées des sociétés organisatrices. Parfois, votre éleveur pourra même vous remettre un formulaire d'inscription, sinon il vous faudra le demander aux organisateurs de la manifestation.

> La feuille d'engagement

Ce formulaire, appelé feuille d'engagement, doit être rempli lisiblement en reprenant les indications que vous trouverez sur le certificat de naissance de votre chien. Vous inscrirez votre russell dans une « classe », et indiquerez si vous désirez qu'il soit confirmé.

N'oubliez pas de mentionner la race exacte de votre chien – jack ou parson –, ainsi que sa taille.

> L'inscription

Vous retournerez alors votre engagement accompagné de votre règlement (en moyenne de 25 à 50 euros par chien inscrit), d'une enveloppe timbrée et libellée à votre adresse, et d'une photocopie du certificat antirabique en cours de validité. Attention, la clôture des inscriptions est, en général, fixée à six semaines environ avant la date de la manifestation. Par retour du courrier, vous recevrez un carton certifiant votre inscription. Dernière chose, vous allez concourir pour un qualificatif et peut-être un classement, jamais pour de l'argent !

La classe travail

Elle est réservée aux chiens ayant réalisé au minimum un score de 100 points sur une épreuve de terrier (chasse sur renard). Il vous faudra la justifier par la présentation du carnet de travail, ou mieux, par l'attestation internationale qu'établira la SCC à votre demande. Seule cette attestation est valable pour les expositions se déroulant à l'étranger.

Comment se déroule une exposition

> La veille

La veille, repérez votre trajet en prévoyant d'arriver sur place vers 8 heures, ce qui vous permettra de faire une grande promenade avec votre chien avant d'entrer dans le hall d'exposition.

> Votre arrivée

À votre arrivée, ne vous étonnez pas de l'attroupement aux portes de l'exposition : ce n'est que le contrôle vétérinaire obligatoire. Préparez votre carton d'inscription et le certificat de vaccination antirabique. Dès votre entrée dans le hall d'exposition, les organisateurs vous remettent un catalogue. Vérifiez que votre chien est correctement inscrit (race, classe, sexe). Dans ses dernières pages, vous trouverez la liste de tous les exposants classée par ordre alphabétique. En face de votre nom est inscrit le numéro de votre chien, identique au numéro de la cage qui vous est attribuée. Souvent, un plan est affiché qui vous permettra de vous orienter ; en général, votre place d'exposant n'est pas trop éloignée de l'endroit où vous serez jugé.

> Votre emplacement

Sur votre cage, vous trouverez un double carton numéroté, vous épinglerez l'une des parties sur

Ce qu'il faut emporter en exposition

Pour le chien

– Photocopie du pedigree.
– Carnet de vaccination avec certificat antirabique.
– Gamelle et eau.
– Couverture.
– Laisse de présentation.
– Carte d'identification par puce ou transpondeur.

Pour vous

– Carton d'inscription.
– Épingle de sûreté.
– Cadenas et chaînette.
– Chaise pliante.
– Pique-nique.

votre veste de façon à ce que le numéro soit bien visible lors de la présentation. Parfois (notamment dans les expositions, de plus en plus nombreuses, prévues sans cages pour les chiens), votre carton de présentation sera disponible auprès du secrétariat de ring.

> L'attente

Il faut ensuite vous informer de l'ordre de passage des différentes races dont votre juge a la responsabilité. Dirigez-vous vers votre ring, où vous pourrez vous renseigner auprès du secrétaire : le juge est toujours accompagné d'un secrétaire qui note ses appréciations, et parfois d'un commissaire chargé de veiller à ce que les chiens se présentent dans l'ordre du catalogue. Demandez vers quelle heure vous serez jugé. Bien souvent, vous aurez le temps d'aller promener votre chien. N'oubliez pas de lui donner à boire. Profitez de cette attente, qui peut être longue, pour vous détendre. Vous pouvez aussi faire le tour des stands commerciaux : ils sont variés et proposent des produits parfois difficiles à trouver ailleurs. Bien sûr, il vous faudra éviter d'arriver en retard sur le ring, vous seriez éliminé d'office !

> Le grand moment

Quand vous pensez que votre tour arrive, ne quittez plus les abords du ring. C'est le grand moment ! Le commissaire de ring (ou le secrétaire) fait entrer les chiens. La plupart d'entre nous ont connu et connaissent encore ce petit serrement de cœur en présentant leur chien : ce n'est rien, juste un peu de trac ! L'ordre d'entrée se fait par classe. Chacun rejoint le ring en se plaçant dans l'ordre des numéros. N'oubliez pas de porter le vôtre sur vous, bien visible. Rentrez calmement avec un chien attentif et aux ordres. Mettez-le en position statique : immobile, la tête haute, pattes avant et arrière bien parallèles, ligne de dos bien tendue. Le juge va d'abord examiner les chiens un à un, puis l'ensemble de la classe en comparant les concurrents entre eux.

> L'examen individuel

Lors de l'examen individuel, parson et jack s'examinent sur une table. Le juge vérifie les dents, les testicules, il palpe l'ossature et la musculature, tout en dictant ses observations au secrétaire. Puis il vous demande de le faire trotter, afin d'observer son mouvement et ses aplombs. Le chien à votre gauche, vous marchez dans la direction indiquée par le juge. Le plus souvent, il vous demandera de faire un aller-retour sur la diagonale, ou d'effectuer un triangle afin de pouvoir jauger le chien de profil. Vous devez obtenir de votre chien un trot régulier, sans rupture d'allure.

> L'ensemble de la classe

Le juge examine ensuite l'ensemble de la classe : tous les chiens sont alors en position statique. Votre russell doit être attentif. Le juge

L'auteur, avec Super Mayo Land of the Hunters Pride.

passe et repasse, il jauge les expressions, puis donne le signal de la marche. Prenez votre rythme sans suivre de trop près le chien qui vous précède, et sans gêner les suivants. Faites bien les coins si vous avez un chien qui couvre beaucoup de terrain (cela vous permet de gagner quelques mètres et de ne pas rompre le trot de votre chien). Si le juge vous fait signe de vous arrêter, remettez immédiatement votre chien en position statique.

> La remise des récompenses

Enfin, vient le moment de la remise des qualificatifs et des récompenses. Quel que soit votre résultat, soyez fair-play. Félicitez également votre chien, qui a bien droit à une grosse caresse et une petite friandise. Quittez le ring calmement et profitez-en pour regarder les autres jugements.

Les récompenses

> Le CACS

Le CACS (Certificat d'aptitude au championnat de conformité au standard) ne peut être accordé qu'à un chien de mérite exceptionnel, premier « Excellent » en classe ouverte ou en classe de travail. À noter que cette récompense n'accompagne pas automatiquement la première place.

Les champions nationaux de beauté

Pour être déclaré champion de conformité au standard (ou champion de beauté), votre russell doit gagner le CACS de la SCC ou celui de la Nationale d'élevage, plus un CACS dans une exposition spéciale du club et un CACS dans une exposition internationale. Les trois CACS doivent être obtenus sous trois juges différents dont au moins un français. Votre russell doit en outre obtenir un « Très Bon » en épreuve de travail au terrier artificiel.

> La RCACS

Si le chien classé deuxième « Excellent » est de qualité équivalente à celui qui a obtenu le CACS, il peut se voir attribuer la Réserve du certificat d'aptitude au championnat de conformité au standard (ou RCACS) qui sera convertie en CACS par la Société centrale canine si le chien proposé pour le CACS ne peut prétendre à l'homologation de cette récompense en raison de ses origines, parce qu'il a moins de 12 mois ou parce qu'il est déjà champion national de beauté.

La cotation du russell

La cotation est une note de 0 à 6 attribuée à votre russell : elle prend en compte le TAN, les résultats en concours de travail obtenus lors

Le cas « des » russell terriers

Aujourd'hui, le parson russell terrier ou terrier du révérend Russell est une race à part entière au sein de la FCI. Il peut donc se voir attribuer les CACIB (ou Certificat d'aptitude au championnat international de beauté). C'est-à-dire que dorénavant un parson – pour peu qu'il possède un pedigree complet justifiant de trois générations de chiens inscrits et titulaires d'un pedigree – peut devenir champion international de beauté.

En revanche, le jack russell terrier ou terrier jack russell est une race en stage. Suivant le règlement de la FCI, aucun titre de champion international ne peut être délivré, et seuls des CACS pourront être décernés en exposition.

des épreuves de terrier artificiel organisées par le club de race, les récompenses dans certaines expositions et la qualité de ses produits. La note sera reportée sur son pedigree et sur les documents officiels concernant sa descendance. On parle également de « grille de sélection des géniteurs ». Ainsi, lorsqu'un futur amateur désire acheter un chiot et se renseigne auprès de la SCC, celle-ci lui fait parvenir la liste des portées disponibles, sur laquelle apparaît le nom des géniteurs et leur cotation. C'est pour l'acheteur une première indication de la valeur d'une portée. Les étalons étrangers ne sont pas cotés en France.

Le TAN

> Qu'est-ce que c'est ?

Le test d'aptitudes naturelles permet de juger le caractère et l'atavisme naturel du russell face au renard. Ce test est indispensable pour obtenir des points de cotation. Par ses épreuves simples et courtes, le TAN constitue le moyen pratique d'évaluer les qualités et les défauts caractériels du chien. Les épreuves sont organisées par le club de race.

> L'aptitude à la chasse au renard

Le TAN est relativement aisé à obtenir : le russell terrier doit être équilibré, sociable, pas trop craintif et se laisser manipuler par le juge. Mais votre fierté de propriétaire et le désir de mettre votre terrier au travail peuvent vous inciter à vouloir réussir brillamment la deuxième épreuve dite « d'aptitude à la chasse au renard ». Intéressé, votre jack peut avoir des attitudes plus ou moins marquées.

> Des aptitudes naturelles

Si vous voulez obtenir un maximum de points ou débuter un entraînement au travail avec votre chien, il n'est pas difficile de réveiller le terrier qui sommeille en tout « digne jack russell ». Certains déterreurs éduquent dès 3 mois leurs futurs chiens de travail à reconnaître l'odeur du renard.

Suzan's Pride.

Les russell terriers et le sport

Le jack est un chien qui aime la vie de famille et les canapés. Son format réduit lui permet de vous accompagner partout. Sportif, il sait pourtant apprécier la vie citadine, pourvu qu'il ait un maître qui le comprenne et sache lui réserver de grands moments d'activité, d'exercice et de promenade.

L'agility

> Vive l'agility

C'est un hyperdoué pour l'agility, et l'une des races les plus répandues en Grande-Bretagne dans les catégories mini… et il adore cela. En France, il mérite qu'on lui donne l'occasion d'exprimer son talent dans cette discipline. Ce chien est en effet une véritable « bombe » capable de parcours très rapides et qui, mené par un maître d'expérience, peut prétendre aux plus hautes marches du podium.

> Un jeu d'équipe

L'agility est un jeu éducatif qui mobilise la concentration et les aptitudes sportives du chien. Elle se pratique au sein d'un club d'éducation canine. Elle implique une bonne harmonie entre vous et votre jack, et aboutit ainsi à une entente parfaite de l'équipe. Il est donc

nécessaire pour les participants d'acquérir les bases élémentaires d'éducation et d'obéissance. Le conducteur guide son chien sans jamais le toucher et l'amène à franchir divers obstacles dans l'ordre prévu. Ceux-ci sont variés, et leurs dimensions sont adaptées à la taille des chiens, qui sont classés en différentes catégories. Le russell concourt en « mini » (classification FCI) ou dans la catégorie A ou B suivant sa taille (classification SCC). Aucune brutalité envers le chien n'est tolérée.

Le cavage

Le jack et le parson sont aujourd'hui utilisés dans la recherche de truffes, et apportent toute satisfaction à leurs heureux propriétaires. Ils ont fait la preuve de leurs capacités et en particulier d'un nez très fin, d'une très grande rapidité et d'une remarquable compréhension du travail exigé, quoiqu'ils apparaissent parfois peu enclins à travailler sur de longues périodes. À ce titre, ils restent bien terriers dans l'âme.

Les courses

Certains clubs étrangers organisent des courses entre russell. Celles-ci se déroulent dans une enceinte close, sur de courtes distances, à la poursuite d'un leurre ou à l'appel de leur maître. Parfois, les chiens ont de petits obstacles à franchir. Ces courses sont très populaires dans les pays anglo-saxons et en Belgique, dans les milieux hippiques.

Le futur

D'autres disciplines se développent : le flyingball, l'obédience, le dancing dogger, le canicross... Toutes ces activités ludiques sont très enrichissantes pour le couple maître-chien, et permettent aux russell d'exprimer les multiples facettes de leur tempérament.

L'ÉLEVAGE DES RUSSELL TERRIERS

Il y a déjà beaucoup de chiens en France. Avant de vous lancer dans l'élevage, ne serait-ce que d'une seule portée, il faut y réfléchir longuement et avec beaucoup d'honnêteté. Si vous désirez garder un chiot de votre chienne il faut savoir qu'élever n'est pas une décision à prendre à la légère, et qu'un éleveur doit savoir faire face à ses responsabilités.

Pourquoi élever ?

Objectivement, il y a beaucoup plus de raisons de ne pas faire naître que le contraire… Votre chienne ne s'en portera pas mieux : cela ne changera aucunement son caractère et ne lui évitera ni les métrites, ni les grossesses et les lactations nerveuses. Il faudra également trouver une bonne maison à chacun de vos bébés. N'élevez jamais une portée parce que votre belle-sœur ou votre voisine vous réclame un chiot ! Quand vient le moment de l'accueillir, bien des gens se dédisent, trouvant une excellente excuse… et vous restez avec votre bébé sur les bras.

> Les contraintes financières

Sachez également que vous ne gagnerez pas d'argent à élever sérieusement : il va falloir suivre l'ovulation de la chienne avec votre vétérinaire, payer la saillie et les frais de voyage si le mâle que vous avez choisi réside loin, payer les soins de vermifugation, de

Trois chiots Of Mayo Land.

Un joli jack à poil lisse : Suzan's Pride Sammy.

vaccination et d'identification de la portée, les frais de publicité, etc.

> Les contraintes physiques et morales

Tout cela sans compter votre temps, le stress, les nuits blanches, l'absence de grasses matinées, les chiots qui décèdent prématurément, la tristesse de voir partir vos bébés, les clients pas toujours aimables, les odeurs désagréables, les aboiements, les saletés, les blessures, les accidents, les pipis et les cacas à ramasser sans cesse de trois semaines jusqu'au départ des chiots…

> Les contraintes de place

De plus, élever demande non seulement du temps et du dévouement, mais également des installations. Ne serait-ce que pour accueillir les chiots du sevrage à leur départ (vers 10 à 12 semaines) : ils ont besoin d'exercice et d'espace, sinon gare aux bagarres qui peuvent être sanglantes. En définitive, la seule bonne raison d'élever, c'est d'en avoir vraiment envie.

Les choix des géniteurs

Pour élever avec sérieux, vous allez devoir remettre votre chienne en question : est-elle confirmée ? De même, vérifiez que le mâle est lui aussi titulaire de son pedigree. En aucun cas il ne faut faire naître des chiots issus de reproducteurs « sans papiers ». Si votre chienne est déclarée inconfirmable, donc inapte à la reproduction, renoncez à vos désirs d'élevage et/ou achetez une bonne chienne en indiquant à l'éleveur que vous désirez la faire reproduire.

> La femelle

Pour débuter l'élevage, le mieux est d'acheter une chienne issue d'une excellente souche. Commencer une sélection avec une femelle quelconque vous expose à bien des désillusions. Même accouplée au plus grand champion, elle ne pourra transmettre que ce qu'elle possède comme patrimoine génétique. Marier une chienne qui possède à la fois des gènes « court sur pattes » et « haut sur pattes » est une véritable loterie. Et il vous faudra bien des générations pour en sortir !

> L'étude des lignées

Acheter une chienne chez un éleveur sérieux qui a la volonté de vous guider vous évitera de nombreux déboires : en effet, il connaît ses lignées. Si analyser le phénotype (l'aspect extérieur) est déjà difficile, savoir lire un pedigree (analyse du génotype) demande encore plus d'expérience : je ne saurais trop vous encourager à étudier très attentivement les origines de votre chienne, à vous déplacer pour aller voir ascendants et collatéraux, que je vous conseille de photographier afin de pouvoir ensuite les examiner à tête reposée. Mais seules des années d'expérience vous permettront de savoir que le frère de portée du grand-père a connu des problèmes de rotule, ou que tel étalon produit des chiens à l'excellente denture.

> Le mâle

Contre le prix d'une saillie (très variable, il faut prévoir de 300 à 1 000 euros pour obtenir les services d'un grand champion), vous aurez accès à l'ensemble des meilleurs étalons du moment. Bien sûr, il ne faut pas craindre de se déplacer !

Pour les nombreux propriétaires de mâles qui désirent que leurs chiens fassent des saillies, il leur faut savoir que, dans une meute, seuls les chiens dominants auront accès aux femelles. Dans la vie quotidienne, si vous voulez que votre « Jules » procrée, il faudra le faire connaître des possesseurs de femelle.

> La sélection du type

Toute portée doit être réalisée avec la volonté d'améliorer la race. C'est-à-dire de faire naître des chiots qui seront au moins aussi bons, aussi sains, aussi beaux et aussi équilibrés que les reproducteurs dont ils sont issus, et appartenant au même standard. En effet, c'est le seul gage d'un début de fixation des qualités que vous recherchez. Pour cela, vous allez devoir observer votre chienne d'un œil critique et apprendre à connaître ses qualités et ses faiblesses (aucun chien n'est parfait).

• Le phénotype

Quels sont ses points forts et ses faiblesses au regard du standard ? Ce dernier doit être votre guide. Si vous exposez votre chienne, les juges pourront vous aider à l'apprécier. De même, votre éleveur pourra vous guider dans le choix d'un étalon. Vous devez analyser la conformation de votre chienne : est-elle construite en jack (corps plutôt rectangulaire) ou en parson (corps plutôt carré) ? C'est un des premiers critères de sélection du choix du futur étalon. Évitez d'accoupler les deux types et, avant d'étudier les pedigrees, commencez par faire une bonne analyse des phénotypes.

• La taille

Parallèlement, vient la question de la taille. C'est une question importante, mais au regard des limites posées par chaque standard et non comme critère de sélection de votre choix d'élevage.

• Le mélange des types

À l'heure actuelle, je ne peux que conseiller de ne pas mélanger les types. Malheureusement, l'élevage français est très en retard sur cette sélection, et de trop nombreux chiens sont de types mélangés. Cela vous exposera à de nombreuses désillusions : types jack trop osseux et trop grands, mauvaises têtes, mauvais aplombs... Il faut malheureusement l'avouer,

un grand nombre de ces chiens ne devrait pas reproduire si on se place dans un souci d'amélioration des races.

Le choix de l'élevage

Cette difficulté peut être contournée en démarrant votre élevage avec des reproducteurs issus d'élevage pratiquant la distinction entre les deux races depuis de nombreuses années : vous bénéficierez alors de leur travail de sélection. Dans ces élevages de grande qualité, le parson est aujourd'hui bien fixé. Le travail de sélection sur le jack en est encore bien souvent aux prémices, et, même dans les meilleures lignées, peuvent apparaître des chiots à la conformation ambiguë. Il y a d'autant plus d'intérêt pour l'éleveur qui cherche la qualité à choisir des reproducteurs aux origines avérées, que le critère « longues pattes » semble se comporter de manière « dominante », et réapparaître régulièrement dans les portées de jack. Seul un travail rigoureux de longue haleine permet de fixer le bon type.

> L'efficacité au terrier

Traditionnellement, les utilisateurs conseillent de ne choisir que des étalons ayant fait preuve de leur efficacité au terrier.

> Le caractère

Sélectionnez soigneusement le caractère de vos géniteurs. S'il est vrai qu'aujourd'hui plus de 80 % des russell sont des chiens de compagnie, il est fondamental que vous connaissiez les attentes des futurs propriétaires : ceux-ci désirent en priorité un chien gentil et sociable, qui s'adaptera facilement à la vie de famille et à son rôle d'animal familier. Il ne faut jamais faire reproduire un animal craintif ou trop agressif.

> Poil lisse/poil dur

Évitez les mariages poil lisse/poil lisse : très vite, on obtient des chiens avec une très mauvaise qualité de poil, trop lisse et sans sous-poil. N'oubliez pas que le russell, qu'il soit jack ou parson, est un chien au poil rêche, doté d'un bon sous-poil. En revanche, les mariages poil lisse/poil dur sont réputés améliorer la qualité du poil. Et d'excellents « poil lisse » sont issus de père et mère « poil dur »... Ceux-là pourront être appariés plus facilement, et auront de grandes chances de transmettre une bonne qualité de pelage.

> La précipitation

Ne vous décidez jamais dans la précipitation. Prenez, au contraire, le temps d'étudier les pedigrees, de vous renseigner et de comparer. Le mâle du voisin est très rarement le plus approprié. N'hésitez pas à vous déplacer afin de réaliser le meilleur mariage ; à terme, la qualité est source de satisfactions. Dans un souci de protection et d'amélioration de la race, rapprochez-vous de votre vétérinaire et n'hésitez pas à contacter le club de race, afin de mener un travail de longue haleine sur la détection des tares : recherche de tares oculaires, maladie de Legg-Perthes-Calvé... Sachez également que pour faire saillir votre chienne à l'étranger, vous devrez bien souvent justifier de contrôles sanitaires. Le club hollandais, par exemple, réclame un examen vétérinaire de suivi des rotules pour tous les reproducteurs.

> Le principe de la compensation

La meilleure chose est de choisir un mâle dont les qualités compenseront les défauts de votre chienne. Vous avez clairement en tête ses points forts et ses points faibles, il vous faut choisir le mâle en fonction des qualités que vous souhaitez maintenir et des défauts que vous voulez améliorer. Fréquentez les expositions et étudiez les catalogues. Ainsi, vous pourrez observer les étalons et leur progéniture. Mais attention ! On n'améliore pas un défaut en faisant appel au défaut inverse. Le mariage d'un chien aux jarrets clos avec une chienne aux jarrets trop ouverts a toutes les chances de ne donner que des chiots avec de très mauvais aplombs. Dans ce cas, il faut accoupler votre chienne avec un sujet aux aplombs parfaits.

> La consanguinité

Préférez des reproducteurs dont les pedigrees possèdent un degré de consanguinité assez élevé. En effet, ils sont réputés « marqueurs », c'est-à-dire aptes à transmettre fortement leur patrimoine génétique. Halte aux idées reçues ! La consanguinité n'est pas créatrice de tares, simplement elle les révèle lorsqu'elles existent à l'état récessif, et permet donc aux bons éleveurs de tenter de les éradiquer. Par conséquent, si vous voyez apparaître le même chien plusieurs fois dans un pedigree, c'est certainement qu'il est excellent et qu'il améliore la race. Les éleveurs sont en général responsables et ne tendent pas à créer des chiens tarés !

> Le bon moment pour la saillie

Attendez que votre chienne soit âgée de 18 mois avant de faire une première portée. Il faut savoir que la ménopause n'existe pas chez les chiennes, mais que dès 6-7 ans, elles sont moins fertiles. Signalez toujours à votre vétérinaire que vous avez l'intention de faire reproduire votre chienne : en effet, certains traitements, à base de corticoïdes-retards par exemple, peuvent induire des dérèglements hormonaux. Pour le mâle, il faut attendre qu'il soit confirmé (12 mois minimum) avant de le faire saillir.

> Le cycle de la chienne

En pratique, il est important de noter la date de début et de fin de toutes les périodes de chaleurs de votre chienne. Vous pouvez par exemple les inscrire sur son carnet de vaccination. Cela vous donnera un premier repère quant à leur régularité, et vous permettra de déterminer globalement son calendrier annuel. Pour ne pas rater le premier jour des chaleurs, un linge propre de couleur blanche, étendu au fond du panier, peut être utile pour détecter les premières pertes. Puis, en coordination avec votre vétérinaire, vous faites réaliser des frottis vaginaux qui vont permettre de suivre grossièrement son cycle.

Pour avoir un résultat précis quant à la date d'ovulation, des dosages de progestérone seront nécessaires. Ces derniers permettent de réduire le nombre de saillies (donc de déplacements), et de réaliser la fécondation au moment optimal.

• Un conseil

Évitez de laver les parties génitales avec des produits désinfectants avant l'accouplement : ils ont en général une activité spermicide, et peuvent compromettre le bon résultat d'une saillie ou d'une insémination.

Orca of Mayo Land.

Adresses utiles

Fédération cynologique internationale (FCI)
Place Albert Ier, 13
B-6530 Thuin (Belgique)
Tél. : 00 32 71 59 12 38
Fax : 00 32 71 59 22 29
Site web : www.fci.be

Société centrale canine (SCC)
155, avenue Jean-Jaurès
93535 Aubervilliers cedex
Tél. : 01 49 37 54 00
Site web : www.scc.asso.fr

Club du jack russell
Président : Dr Lebrun
80, rue du Maréchal-Leclerc
50000 Saint-Lô
Tél. : 02 33 57 26 12

Élevage « of Mayo Land »
Chantal Leclercq
Site web : www.lejack.com

Bibliographie

> Les revues

– *Atout Chien* (mensuel) n° 187 (Test-race), nos 146 et 112 (Encyclochien), n° 80 (Portrait), n° 3 (Race rare)
Complexe industriel de La Hunière
78120 Sonchamp

– *Cynomag* (bimestriel)
Complexe industriel de La Hunière
78120 Sonchamp

Pepsi of Mayo Land.

Index

Crédits photographiques

Bastiaansen T. : 51, 58, 95 - **Bevilacqua F. :** 56 - **Cogis :** 53 - **Deschoolmeester S. :** 127, 128 - **Français/Cogis :** 8-9, 47, 49, 54-55, 63, 7, 72, 80, 83, 89, 92, 93, 101, 103, 112, 134, 135, 138 - **Gaudin S. :** 65 g - **Gauzargues/Cogis :** 25, 36, 45, 78-79, 98-99, 102, 110 - **Hermeline/Cogis :** 11, 15, 34, 4, 70, 129 - **Jubert C. :** 13 - **Labat/Cogis :** 20-21, 27, 37, 40-41, 59, 66-67, 114-115, 126, 133, 136, 143 - **Lanceau/Cogis :** 46, 71, 74, 88, 107, 111 - **Leclercq C. :** 6, 16, 22 b, 24 b, 24 h, 25, 29, 30, 31 h, 33, 38, 39, 42 h, 43, 44, 48, 61, 68, 69, 75, 76, 77, 85, 87, 90, 91, 96, 104, 109, 117, 118, 119, 120, 123, 130, 137, 139, 140, 141 - **Lindenberg-Beste C. :** 22 h, 23, 31 b - **Pattyn S. :** 42 b, 106, 125, 131 - **Rialland M. :** 57, 65 d.